Marie-Paule L. Bomindo

Sortes de mariages

Marie-Paule L. Bomindo

Sortes de mariages

A quel type de mariage appartenez-vous?

Éditions Croix du Salut

Imprint

Any brand names and product names mentioned in this book are subject to trademark, brand or patent protection and are trademarks or registered trademarks of their respective holders. The use of brand names, product names, common names, trade names, product descriptions etc. even without a particular marking in this work is in no way to be construed to mean that such names may be regarded as unrestricted in respect of trademark and brand protection legislation and could thus be used by anyone.

Cover image: www.ingimage.com

Publisher:
Éditions Croix du Salut
is a trademark of
Dodo Books Indian Ocean Ltd. and OmniScriptum S.R.L publishing group

120 High Road, East Finchley, London, N2 9ED, United Kingdom
Str. Armeneasca 28/1, office 1, Chisinau MD-2012, Republic of Moldova, Europe
Printed at: see last page
ISBN: 978-620-6-16987-1

Amos 3 : 3 « Deux personnes peuvent-ils faire route ensemble si au départ ils ne se mettent pas d'accord ? »

(Traduction français courant)

Ecrit par :

Marie-Paule L. Bomindo

EPIGRAPHE

A Jésus Christ qui est mon Maître, Seigneur et Sauveur, la Force de ma vie, la chance de ma vie, Lui qui m'a fait la grâce d'être comptée parmi ses enfants.

A mes six adorables enfants qui sont les vrais biens que l'Eternel dans sa bonté m'a accordés sur cette terre des vivants.

A mon frère en Christ Willy Mandela qui ne cesse de me soutenir spirituellement et m'exhorter dans la Parole de Dieu, Dieu l'a utilisé comme instrument pour que je m'accroche à Jésus Christ.

Aux deux serviteurs de Dieu Roger David Kabishi, Dr Amos Mavungu que Dieu a placés sur mon chemin pour que je puisse bénéficier de leur soutien et encouragement. Tous les deux ont un point commun ils sont plus motivés et déterminés dans l'œuvre de Dieu.

A Jésus Christ Seul reviennent l'honneur, la gloire, la puissance aux siècles des siècles, d'éternité en éternité.

INTRODUCTION

Lorsqu'un homme atteint l'âge de la puberté ou même avant, il se met à créer dans sa pensée le genre de vie qu'il désire mener et étale dans son esprit les critères concernant l'homme ou la femme de sa vie.

Aucune personne ne se marie avec l'idée en tête de divorcer un jour. Tous ceux qui s'engagent dans l'union conjugale espèrent de tout leur cœur y passer tout le reste de leur vie.

Cependant dans le choix du conjoint, il faut se référer à Celui qui sonde le cœur et les reins, qui perce le secret des consciences, qui est le Commencement et la Fin, il se nomme le Seigneur de l'univers, le Seul Guide Parfait. Il est écrit dans le livre des Psaumes 18 : 21 (traduction français courant) « ***Dieu est un guide parfait, les avis qu'il donne sont sûrs*** ». Seul Dieu est mieux placé pour nous indiquer celui ou celle qui nous est destiné pour le mariage.

Lorsque nous nous laissons guider pour le choix du conjoint ou de la conjointe par le Saint Esprit, nous tomberons sur une bonne personne celle qui nous est destinée.

Un homme de Dieu a illustré comme exemple pour le mariage les pointures des chaussures, si quelqu'un chausse de 41 et qu'il mette la pointure 38, il aura si mal à chaque instant de vie qu'il finira par s'en débarrasser.

De nos jours, nous constatons avec stupéfaction, l'augmentation de plus en plus croissante de nombre des divorces, de séparation de corps, de mariages fantaisistes dans le monde entier, cela ne peut être expliqué ni socialement ni économiquement.

Quand c'est Dieu qui prédestine deux personnes à se marier, il n y a pas de divorce : le couple tel que Joseph et Marie, Abraham et Sara, Isaac et Rebecca…

Si nous nous référons sur certains passages de la Bible, nous constatons ceci : tous les rois d'Israël qui consultaient Dieu avant de se rendre à la guerre, obtenaient toujours une grande victoire et un grand succès, prenons l'exemple du roi David, Ezéchias, Josaphat…Ces rois ont réalisé que le succès dans toute chose, ne s'obtient que de Dieu.

Un foyer heureux est semblable au jardin d'Eden où il est agréable de vivre tandis que l'échec dans le mariage est comparable à un bateau secoué de temps en temps par les tempêtes dont les passagers sont jetés de part et d'autre, vivant dans une angoisse perpétuelle, ne connaissant pas leur sort final.

Le mariage peut aussi être comparé à une scène sur laquelle deux acteurs principaux (les deux conjoints) jouent tandis que les spectateurs ce sont les enfants, la belle-famille et ceux d'alentour, seuls le mari et la femme vivent la réalité sur scène (émotions : stress, peur, crainte, injustice, dénigrement, maltraitance, humiliation, accablement…), ils sont mieux placés pour exprimer ce qu'ils ressentent réellement.

Un adage dit ceci : seul le propriétaire d'une maison connaît les défauts de construction de sa maison.

Un mariage raté peut être comparé à un ring dans lequel deux boxeurs se donnent des coups, seul celui qui reçoit le plus de coups est en mesure d'exprimer ce qu'il ressent exactement comme douleurs mais malheureusement, il n'est pas compris par ceux de son entourage.

Un foyer sans bonheur ou non heureux constitue pour les conjoints un engrenage (piège) dans lequel ils sont pris, chacun commence à réfléchir sur les voies et moyens pour en sortir. Il y en a qui mettent des semaines, des mois, des années et ceux qui ne parviennent pas à en sortir finissent par mourir ou à vivre dans l'amertume toute leur vie durant.

Toute personne qui se retrouve malheureux dans un foyer est semblable à une personne qui a fait une fausse route, il ne fera que gémir et se plaindre parce que sur son chemin, il trébuchera, il se perdra, il marchera sur les épines, il se blessera, le mieux à faire pour lui c'est de revenir sur ses pas et d'étudier le bon chemin.

Par définition, un labyrinthe est un édifice composé d'un grand nombre de chambres et de galeries dont la disposition était telle, que ceux qui s'y engageaient, parvenaient difficilement à en trouver l'issue c'est-à-dire toute personne qui se retrouve dans un mariage raté est semblable à celui qui se retrouve dans un labyrinthe, elle doit à tout prix trouver l'issue de secours pour retrouver l'épanouissement dans sa vie ou la liberté.

Toute personne qui échoue dans le mariage est semblable à un homme ou une femme qui s'est dans une grande forêt suite à un accident d'avion. En premier lieu il va se retrouver dans le noir, angoisse, terreur, ne sachant pas s'il va sortir sain ou mort.

Si quelqu'un rate le bus, il peut espérer attraper le prochain, de même pour celui qui rate un avion, un train, un taxi…c'est une situation ou une déception temporaire, mais pas la même chose avec celui ou celle qui rate le mariage, le compteur de sa vie est remis à à zéro.

Si au départ de l'union conjugale, il n'y a pas harmonie spirituelle c'est-à-dire qu'on n'a pas un même Dieu, on est pas dans le même camp, quel que soit le temps qu'ils mettront à vivre ensemble, les deux conjoints finiront par se séparer, le Séparateur des sentiers va les séparer.

L'entente entre les deux conjoints au départ de la vie conjugale persiste jusqu'à la fin par contre la mésentente dès le début de la vie conjugale persistera jusqu'au bout, à condition que le Tout Puissant intervienne.

Toute personne qui épouse un insensé ou une insensée, aura du chagrin toute sa vie et boira l'amertume à la place de l'eau.

Voici après 15 ans de vie commune, un mari dira ceci à sa femme : « Je suis obligé de te dire la vérité, on m'a dit là-bas que si je continue avec toi je ne finirai par mourir, car l'époux et l'épouse doivent être dans un même camp, prier dans un même endroit. Nous sommes obligés de nous séparer car toi tu as choisi Christ et moi j'ai choisi Satan, chacun de nous a fait son choix et doit poursuivre son chemin. Je ne peux pas sacrifier ma vie à cause de toi, si tu veux qu'on demeure ensemble viens prier avec moi dans notre loge »… ». Désolé, nous devons divorcer je n'ai pas envie de mourir, ils vont me tuer si je continue avec toi », cet homme aimait sincèrement sa femme mais par peur de la mort…

Je tiens également à souligner avant de développer les différents chapitres de ce livre que dans le type de mariages cela peut être vice-versa soit c'est l'époux soit c'est l'épouse par exemple : on peut trouver dans un couple que le mari est « Abigaël » et la femme c'est une « Nabal ».

Dans ce livre le Saint Esprit m'a inspirée de développer ces t couples :

1. *Adam et Eve*
2. *Samson et Delila*
3. *Abraham et Sara*
4. *Achab et Jézabel*
5. *Assuérus et Vasthi*
6. *Nabal et Abigaël*
7. *Assuérus et Esther*
8. *Dieu et Israël.*

Que le Saint Esprit aide tout un chacun à se situer et qu'il lui donne la solution à son problème selon le type de mariage dans lequel il se retrouve.

Nous allons encore voir dans les lignes suivantes, les différents comportements des enfants selon les sortes de mariage. Le comportement des enfants est influencé par le climat qui règne sous le toit conjugal. Bien sûr qu'à toute règle il y a toujours des exceptions mais quoi qu'il en soit, le milieu dans lequel grandit l'enfant exerce une influence négative ou positive sur son être tout entier : corps, âme, esprit, pensée, volonté, sentiment voire même son avenir. Nous allons découvrir cela dans ce livre.

CHAPITRE I:

COUPLE ADAM ET EVE

Je vais commencer par me référer sur le 1er couple de l'humanité. Lisons dans Genèse 2/23 « Alors celui-ci s'écria : par le coup, c'est l'os de mes os et la chair de ma chair, celle-ci sera appelée femme, car elle fut tirée de l'homme ».

I.1 Caractéristiques

Adam

- Connaît Dieu
- A pour ami Dieu
- Est sincère
- Est fidèle
- Confiant envers sa femme
- Doux.

Eve

- Connaît Dieu
- Est sincère
- Est fidèle
- Est toujours attaché à son mari

Foyer

- Couple uni
- Sincère l'un envers l'autre
- Destinés à vivre ensemble
- Visités par Dieu chaque soir
- Vivent dans une harmonie parfaite.

Adam et Eve ont été créés pour vivre ensemble d'où entre les deux, il existe une entente parfaite et transparente. Lorsqu'ils furent chassés du jardin d'Eden, Adam n'a pas trouvé pour cela une occasion favorable pour se séparer d'Eve comme cela est le cas de nos jours, il n'a pas non plus cherché à incriminer sa femme parce qu'il leur est arrivé un malheur. Leur union demeura solide car c'est Dieu lui-même qui a été à la base de ce mariage. Genèse 3 : 8 dit que Dieu visitait ce couple assez souvent.

Dans un couple, la faute n'incombe pas toujours à l'un des conjoints, si nous analysons notre histoire, Eve a pris en premier lieu le fruit interdit et l'a ensuite donné à son mari, qui à son tour a mangé. Lorsque les disputes se déclenchent dans le foyer, il y a toujours un qui commence, dès que l'autre s'enflamme, lui à son tour attise le feu et c'est partie.

Il est écrit dans Genèse 3/16-19 : « Il dit à la femme, j'augmenterai la souffrance de tes grossesses, tu enfanteras avec douleur et tes désirs se porteront vers ton mari, mais il dominera sur toi. » dans ce passage, nous voyons que Dieu a puni Eve en premier lieu car c'est elle qui a mangé le fruit en entraînant par la suite Adam. Dieu a jugé bon de donner la domination à Adam qui est le responsable numéro 1 du foyer. Ce dernier n'avait pas exercé sa domination sur Eve en tant que chef de famille. Dans le livre de Génèse 3 :17, Adam est puni en deuxième lieu mais plus que sa femme, c'était pour pousser Adam à être autoritaire en tant que le chef d'Eve : « Il dit à l'homme, puisque tu as écouté la voix de ta femme, et que tu as mangé l'arbre au sujet duquel je t'avais donné cet ordre : tu n'en mangeras point : le sol est maudite à cause de toi. C'est à force de peine que tu en tireras ta nourriture tous les jours de ta vie, il te produira des épines et des ronces, et tu mangeras de l'herbe des champs. C'est à la sueur de ton visage que tu mangeras du pain, jusqu'à ce que tu retournes dans la terre, d'où tu as été pris ; car tu es poussière et tu retourneras à la poussière. »

Le foyer peut être maudit à cause de l'irresponsabilité ou erreur du numéro 1, toute négligence de la part du responsable du foyer, toute la maison en subit les conséquences. Dieu a été plus sévère avec Adam parce qu'il a préféré écouté la voix d'Eve et désobéir à l'ordre divin, il n'a pas exercé son autorité en tant que mari sur sa femme pour lui dire que ceci a été interdit par Dieu.

Observez bien tous les foyers où les numéros 1 sont irresponsables ou qui se laissent entraîner dans les mauvaises voies par leurs femmes, c'est la foire du désordre, souvent ces genres de foyers sont maudits, par contre dans les foyers où les maris sont responsables et autoritaires, il y règne l'ordre, la discipline.

La désobéissance d'Adam à l'ordre divin a ouvert une grande porte à Satan, cet acte a provoqué la colère de Dieu sur ce foyer, les deux conjoints ont perdu la luxure, l'aisance, la paix, la joie.

Lorsqu'un malheur arrive dans un mariage, nous cherchons toujours à culpabiliser l'un des conjoints. Or, quand nous analysons ce passage nous tirons ce qui suit comme conclusion : Dieu a reproché et Adam et Eve, il n'a pas épargné personne. Dieu leur a reproché tous les deux car selon les écritures, ils forment une seule chair chacun d'eux avait sa part de responsabilité dans cette affaire.

Adam est un bon mari car il n'a pas divorcé avec Eve à cause de ce qui est arrivé, il ne l'a pas tenue pour responsable, au contraire il a reconnu sa part de responsabilité dans cette affaire, il a adopté une attitude d'humilité devant Dieu, il n'a pas cherché à avoir raison sur Eve, il n'a pas pipé mot devant Dieu, c'est ce qui a fait que Dieu eut l'idée après les avoir chassés du jardin de sauver la race humaine.

Ce couple a perdu doublement : leur intimité (communion) avec Dieu ainsi que le bien-être et la richesse qu'il avait dans le jardin d'Eden ayant perdu leur héritage par leur faute.

Toujours dans cette sorte de mariage, je vais encore citer un second exemple de couple Joseph et Marie. Lorsque la fiancée de Joseph s'est retrouvée enceinte, ce dernier n'a pas cherché à l'humilier mais bien au contraire, il a cherché les voies et moyens pour la protéger.

La rupture des fiançailles à notre époque est la chose qui se fait d'une manière prompte et facile. Nombreux sont les hommes qui promettent monts et marrées à leurs fiancées mais dès que survient un problème ou une fausse rumeur, ils n'hésitent pas à rompre les fiançailles. Vu la méchanceté qui règne à notre époque, les fiancées ne sont pas protégées par leurs fiancés bien au contraire, elles sont exposées à l'humiliation. Et souvent le fiancé forme un bloc avec sa famille pour humilier la fiancée.

Adam est un mari pacifique qui veut à tout prix l'unité dans son foyer quel que soit les vents et marrées.

Chaque malheur ou problème dans le foyer est comme un mugissement de flots et la Bible déclare que c'est Dieu qui fait cesser les mugissements des flots.

II. Caractéristiques des enfants issus de ce mariage

Ce sont des enfants qui ont reçu beaucoup d'attention, d'amour, d'affection de la part des parents Adam et Eve. Ils connaissent Dieu car la Bible déclare Caen et Abel sont allés présenter leur offrande à Dieu, ils ont appris cela de leurs parents. Dieu connaît les enfants issus de ce couple car il les appelle par leurs noms. Dès que le mal est entré dans le cœur de Caen, Dieu l'a su immédiatement car ces enfants rendaient un culte à Dieu par leurs offrandes.

Les enfants issus de ce couple sont équilibrés, unis car les deux enfants d'Adam se présentaient à deux devant Dieu pour offrir leur offrande. Vous me direz peut être que Caën a tué son frère ? La Bible déclare que nous récoltons ce que nous semons, Satan a eu un accès dans le cœur de Caen lorsque ses parents ont péché, une fois que l'ennemi a quelques tierces de secondes dans la maison, il cause des dégâts incommensurables qui ont une répercussion à long terme, nous réalisons seulement après l'origine du mal qui nous atteint.   Le cœur de l'homme, c'est le domaine de Dieu. Jérémie 17 dit ceci « Le cœur de l'homme est tortueux, on ne peut rien comprendre ».

En tant que parents remplissons nos devoirs et obligations envers les enfants afin que nous n'ayons pas à rendre compte à Dieu un jour. Veillons premièrement sur eux spirituellement en leur présentant Christ.

III. Conséquences spirituelles

Le climat qui règne dans le toit conjugal du chrétien peut exercer une influence positive ou négative sur sa vie spirituelle voire sa communion avec Dieu.

Un chrétien docile, humble trouvera toujours grâce aux yeux de l'Eternel. La Bible déclare « Dieu résiste aux orgueilleux et fait grâce aux humbles. Il doit avoir pour ami et conseiller Dieu afin de tenir ferme dans la vie spirituelle. ; accepter els réprimandes de Dieu et se conformer à ses prescriptions. Si Adam n'avait pas accepté les reproches de Dieu, cela allait l'entraîner à se révolter contre Dieu, je crois que le pire allait arriver à l'humanité toute entière.

Le capitaine désigné pour conduire le bateau c'est l'homme, les passagers du bateau ce sont la femme, les enfants et autres. Toute erreur de la part du capitaine de ce bateau entraîne des conséquences qui sont parfois irréparables. La responsabilité du foyer repose sur les épaules du mari.

Il a reconnu avoir désobéi à l'ordre divin et a accepté de subir les conséquences de ses actes et la Bible nous déclare que par la suite Dieu leur a confectionné des habits de peaux de bêtes pour couvrir leur honte. L'attitude du chrétien devant les problèmes qui surviennent dans son mariage a un grand impact sur sa vie spirituelle : soit qu'il peut rompre son alliance avec Dieu, soit qu'il peut la garder.

CHAPITRE II :

COUPLE SAMSON ET DELILA

Juges 13

Caractéristiques

Samson

- Connaît Dieu
- Est consacré à Dieu dès le sein maternel
- Est amoureux
- Est sincère
- Est doux
- Tendre
- Indiscret
- Infidèle à son alliance avec Dieu
- Est revêtu du Saint Esprit

Delila

- Ne connaît pas Dieu, païenne
- Philistine (femme étrangère)
- Hypocrite
- D'une gentillesse feinte
- Cupide
- Légère
- Egoïste
- Méchante proverbes 26/24-26
- Traîtresse
- Infidèle à son mari

- Hait son mari
- Rusée
- A un cœur double
- dominatrice

Foyer

- Ne sont pas destinés l'un et l'autre
- Pas d'unité
- Y règne deux influences : ténèbres et lumière
- Est contrôlé par les philistins
- Mariage-piège arrangé par les philistins

Si la Bible parle de la femme sage, Delila doit sa sagesse aux Philistins, une sagesse qu'on peut qualifier de ruse. Cette ruse lui permet de bâtir le Royaume des Philistins dans sa maison au détriment du Royaume de Dieu auquel appartenait son époux.

Pendant que Dieu était en train de préparer Samson comme serviteur, Satan de son côté prépare Delila pour interrompre la mission divine de Samson.

Dans ce mariage, il est question de deux personnes ayant différence sur les états d'âmes, cultures, nation, religion, éducation…

Dans ce foyer, le mari « Samson » est un oint de l'Eternel, il a été consacré à Dieu dès le sein maternel. Juges 13/4-7 « Maintenant prends bien garde, ne bois ni vin ni liqueur forte, et ne mange rien d'impur. Car tu vas devenir enceinte, et tu enfanteras un fils. Le rasoir ne passera point sur sa tête, parce que cet enfant sera consacré à Dieu dès le ventre de sa mère ; et ce sera lui qui commencera à délivrer Israël de la main des philistins… »

Dans ce passage des écritures, nous voyons que Samson a la mission divine selon laquelle qu'il devait commencer à délivrer ISRAEL de la main de ses ennemis, il a commencé à peine son travail qu'il a été pris par le piège que lui a tendu les philistins, d'où il n'a pas pu arriver à terminer ce qu'il a commencé.

Dans ce mariage il règne deux influences : Lumière et les ténèbres. Nous constatons que le mari « Samson » est amoureux et bien intentionné envers Delila tandis que cette dernière, à cause de la convoitise et de la cupidité a accepté de devenir un instrument du diable pour interrompre la mission divine du mari « Samson » sur terre. L'épouse « Delila » coopère avec les ennemis de son mari pour assouvir sa soif, elle est animée de très mauvaise foi, mal intentionnée envers un mari qui l'aimait sincèrement. Le conjoint « Delila » est le genre de partenaire qui est prêt à sacrifier tous les occupants de son foyer pour atteindre son but, elle est insensible comme un bloc de glace, comme la graisse. Cette sorte de mariage ne peut jamais subsister quel que soit le temps qu'ils peuvent passer ensemble. Ces deux conjoints peuvent être comparés aux deux phénomènes naturels : le soleil et la lune. Génèse 1/16 « Dieu fit ainsi deux principales sources de lumière : la grande le soleil, pour prester au jour et la petite, la lune pour présider la nuit…. Dans ce foyer le mari Samson préside le jour et la femme Delila préside la nuit (les œuvres de ténèbres) avec les philistins.

Le soleil représentant le mari « Samson », oint de l'Eternel, a en lui les œuvres de la lumière et la lune femme Delila préside la nuit, elle œuvre dans les ténèbres, elle coopère avec les forces du mal (les philistins) pour infester le toit conjugal de toutes choses mauvaises.

Puisque les deux principales sources de lumière ne sont jamais apparues au même moment, cela est exactement la même chose pour ce genre de couple, les deux conjoints ne sont pas créés pour vivre ensemble. Samson est resté consacré à l'Eternel et Delila a persévéré dans sa trahison jusqu'au bout. Tenant compte de tous ces éléments, c'est un mariage voué soit au divorce soit à la séparation des corps. C'est comme un arbre courbé qui ne peut être redressé. Dans certains cas, le mari est « Delila » et la femme

« Samson ». Les Delila sont de nature méchante, infidèle, prêts à entraîner dans la mort ou à la ruine les « samson » en complicité avec ses ennemis qui sont les philistins. Les « Delila » sont de nature très curieuses, les informations qu'elles parviennent à soutirer à leur conjoint, elles les communiquent directement aux ennemis de leur maris. La Bible déclare dans le livre des ***Proverbes 7 : 21 « Elle le séduisit à force des paroles, elle l'entraîna par ses lèvres douceureuses » ; verset 25-27 « que ton cœur ne se détourne pas vers les voies d'une telle femme, ne t'égare pas dans ses sentiers ; car elle a fait tomber beaucoup de victimes et ils sont nombreux, tous ceux qu'elle a tués. Sa maison, c'est le chemin du séjour des morts ; il descend vers les demeures de la mort ».***

Tous ceux qui commettent la grosse erreur de s'unir avec les conjoints « Delila » comme le dit le passage cité ci-haut, finissent mal.

Par contre, les conjoints « samson » sont pour la plupart consacrés à l'Eternel, ayant généralement un bon tempérament, aimant sincèrement leurs conjoints mais ils subissent au retour la violence, les humiliations, la trahison, les mauvais traitements de la part des « delila ».

Les pensées ou la manière de voir les choses de ces deux conjoints sont loin d'être proche (ou à l'opposé) ; ils ne sont jamais sur le même diapason.

Ce couple peut beau être encadrés par les experts, les pasteurs, les parents, les beaux-parents, malgré tous les conseils qu'on peut leur prodiguer ils finissent par divorcer. Dans la plupart des cas, le conjoint « Delila » entraîne à la mort ou à la ruine le conjoint samson en interrompant sa mission divine.

C'est ce qui se passe à cette époque, l'ennemi est parvenu à infiltré ses adeptes dans le mariage et s'arrange pour qu'ils épousent les conjoints samson dans le but d'interrompre leur mission et voire même parvenir à leur changer de direction et rendre inefficace l'œuvre de Dieu. Ils abandonnent l'Eternel pour servir la créature.

Le conjoint « Delila » ayant un cœur de lion se couvre d'une peau d'agneau pour aveugler son conjoint par un amour feint afin de l'attirer dans son filet et pour ensuite le livrer à ses ennemis, qui à leur tour vont faire du conjoint « Samson » un objet de sarcasme, de moquerie.

Voici ce que dit la Bible dans le livre des proverbes 26 : 24-26 : « celui qui hait donne le change par ses propos, mais en son sein git la tromperie, s'il prend un ton cauteleux, ne t'y fie pas, car en son cœur il y a sept abominations la haine peut s'envelopper de ruse, elle révélera sa méchanceté dans l'assemblée » (traduction français courant), tandis que dans la traduction Louis Ségond « Par ses lèvres celui qui hait se déguise, et il met au-dedans de lui la tromperie. Lorsqu'il prend une voix douce, ne le crois pas car il y a … »La haine de Delila s'enveloppe de ruse ; ils font semblant d'être très amoureux, disposés et trop gentil. *Malheureusement pour les « Samson », même quand la méchanceté de leurs conjoints se révèle aux yeux de tous, pour des raisons sentimentales, ils se laissent aller et préfèrent même rompre leur alliance avec Dieu.*

Il faut au départ des fiançailles de très bien observer celui ou celle avec qui on veut faire chemin ensemble, si ça marche bien dès le début d'une cohabitation, ce sera ainsi jusqu'au bout ; si c'est le contraire il en sera ainsi jusqu'à la fin. L'attitude affichée dès le départ par les « Delila » (la première trahison constitue en fait un panneau de signalisation ou un signe d'alerte, dès qu'il y a négligence, on est cuit, emballé.

Pour bien expliciter ceci, je vais vous raconter l'histoire d'une européenne avec qui j'ai fait connaissance il y a de cela plusieurs années. Elle s'est retrouvée à l'âge de 5O ans dans le foyer des femmes battues avec triple fractures au bras gauche. Voici son histoire : elle s'est mariée à l'âge de 2O ans et a eu trois enfants dont un garçon et deux filles. Son mari s'est montré méchant dès le début du mariage. Elle aimait tellement son mari qu'elle était optimiste qu'il changerait un jour ; elle souhaitait également mener une vie digne en restant marié avec un même homme toute sa vie durant.

Malheureusement pour elle, plus le temps passait, plus son mari devenait méchant, insupportable, ivrogne et violent. Le comble en est que les enfants ont grandi dans ce climat. Au fil des temps, les enfants devenus adultes, sont partis chercher leur vie, l'un après l'autre.

C'est alors que son mari sortira toutes ses griffes dans toute leur longueur pour la battre, la malmener de plus en plus. Elle me dira ceci « voilà qu'aujourd'hui, âgée de 50 ans, je suis chassée du toit conjugal, je me retrouve avec 3 fractures au bras gauche et obligée de divorcer, ayant passé toute une vie dans la frustration, humiliations, amertume, blessures intérieures et j'en passe. Que me reste-t-il encore à faire ? Elle me conseillera ainsi « ma fille tu es encore jeune, fais très attention quant au choix du mari. Si au départ du mariage, tu as la chance d'épouser un bon mari, il le sera jusqu'au bout le cas contraire ce sont les nuages sombres toute une vie ».

Le conjoint Delila laisse toujours des traces de leur méchanceté, de même que Samson a perdu ses deux yeux, cette dame aussi a eu triple fracture sur son bras. Parfois il arrive également que le conjoint samson meure à cause de la trahison de sa compagne ou qu'il perde tous ses biens. Les Delilas sont souvent à la base des malheurs des « samson » pour la plupart des cas. Lorsqu'on se retrouve dans un tel foyer, la solution ne peut venir que de Jésus Christ, de la même manière qu'il a delivré Samson de l'opprobre lui infligé par les philistins, il te délivrera de la situation dans laquelle tu te retrouves. Cette sorte de mariage est en réalité un cachot et le conjoint « samson » est dans ce cachot un prisonnier accablé. La Bible déclare « Psaumes 34 : 7 Quand un malheureux crie, l'Eternel entend et le sauve de toutes ses détresses. Dieu agit selon nos demandes, Samson a crié et Dieu l'a entendu et répondu selon sa demande, il a souhaité mourir avec ses ennemis, si j'étais à sa place, j'allais demander à Dieu le recouvrement de ma vue et la mort de mes ennemis.

QUELQUES PISTES DE SOLUTIONS

Toujours dans le cadre de la solution pour ceux qui se retrouvent dans ce type de mariage *Esaïe 17 : 5 « Car ainsi parle le Très Haut, dont la demeure est éternelle et dont le nom est Saint : j'habite dans les lieux élevés et dans la sainteté, mais je suis avec l'homme contrit et humilié, afin de ranimer les esprits humiliés ; afin de ranimer les cœurs contrits. » Psaumes 107 : 28-29 ; 33 « Dans leur détresse, ils crièrent à l'Eternel, et les délivra de leur angoisse ; il arrêta la tempête, ramena le calme, et les ondes se turent. Verset 33 : « Il change les fleuves en désert, et les sources d'eau en terre desséchée »*

Quand Dieu ranime un esprit humilié par les méchants, nous sommes renouvelés dans notre for intérieur, c'est comme si Dieu nous recrée, nous retrouvons une paix qui nous rend de nouveau heureux. Dieu nous ouvre les yeux spirituels, nous réalisons ses bontés dans nos vies malgré ce qui nous est arrivé, la lumière de Dieu nous éclaire de nouveau. J'ai connu une conjointe « samson » mariée à un mari « delila » qui était un haut cadre. Ce dernier avait pour mission la livrer aux philistins, voici comment il a procédé l : il a commencé par la maltraiter, il l'a obligée à s'impliquer dans l'occultisme si elle désirait rester sa femme. La conjointe « Samson », aveuglée par l'amour et pour garder son mari a accepté. Au début il a fait semblant de la gâter, elle s'est confiée à nous, nous lui avons fait comprendre qu'elle a commis une grave erreur envers son Dieu, quelque temps après elle est morte brusquement. Cette femme qui était une servante de Dieu, a préféré se souiller avec les idoles et déplaire à Dieu, cela l'a entraîné à la mort.

Beaucoup de gens ne se rendent pas compte jusqu'à quel point ils irritent Dieu en allant servir les idoles. Dieu tourne le dos à tous ceux qui vont adorer les idoles ; adorer la créature au lieu du Créateur.

Ce type de mariage entraine plusieurs personnes dans la tombe et loin de la présence de Dieu. Obliger un conjoint « samson » et une conjointe « delila » à demeurer ensemble, entraînera tôt ou tard la mort de l'un de deux (mort spirituelle ou physique ou parfois les deux). C'est en d'autres termes mettre sous un même toit le lion et l'antilope, le lion l'emportera sur l'antilope à moins qu'elle parvienne à s'échapper. Un conjoint « samson » interrompt sa mission divine en restant marié à une « delila » ; Dieu sera irrité et le livrera au bon plaisir de ses ennemis. Esaie 24/5 c « Ils rompaient l'alliance éternelle ».

Tous les consacrés de l'Eternel qui se marient en dehors de la volonté de Dieu sont menacés tôt ou tard d'aller en captivité à Babylone. Le silence de Dieu aux supplications de ses oints est un signe d'alarme.

Je connaissais une sœur en Christ mariée à un mari « Delila ». Je vais ouvrir une parenthèse en fait le but principal d'un conjoint « delila » est de parvenir coût que coût à livrer le conjoint « samson » aux puissances du mal. En effet, rien ne marchait dans ce mariage, cette sœur ne voulait pas surtout divorcer, elle a eu à cœur de supplier Dieu pour son conjoint « delila » afin que Dieu change son sale caractère. Il était très méchant, arrogant à outrance, orgueilleux, avare et j'en passe, pendant des années pas de réponse de la part de Dieu. Elle a changé des églises, elle a assisté à des séminaires, retraites de prière mais en vain. La situation ne faisait que s'empirer, silence de la part de Dieu. Par contre, lorsqu'elle prie ou jeûne pour autre chose ou sujet Dieu lui répondait et agissait promptement, du tic au tac, tandis que quand elle le fait pour son mariage, aucun signe de la part de Dieu, elle va maintenant changer de prière, elle demande la volonté de Dieu pour sa vie et le Saint Esprit lui soufflera d'une manière audible : « Quand on fait une fausse route, ne revient-on pas sur ses pas ? Pourquoi persistes-tu dans ta trahison ? » Et Dieu lui confirma cette parole dans le livre de ***Jérémie 6 : 16 stipule ceci « Ainsi parle l'Eternel : placez-vous sur les chemins, regardez, et demandez quels sont les anciens sentiers, quelle est la bonne voie ; marchez-y et vous trouverez du repos de vos âmes »***. Dieu lui a révélé par les visions et les songes la vraie identité de son mari et ce dernier est devenu encore plus méchant et plus violent envers elle, puis finalement Dieu l'a délivrée de mains du mari « Delila ».

C'est un cauchemar de tous les jours que de se marier hors de la volonté de Dieu et avec un conjoint mal intentionné, rien ne marchera quelques soient les conseils, les efforts qu'on peut fournir.

Condamner la séparation de deux conjoints sans pour autant chercher à consulter Dieu est une grave erreur qui peut entraîner soit la mort soit le malheur du conjoint victime de l'autre. Nombreux sont ceux qui sont morts parce qu'ayant été contraints par les pasteurs, la famille, les amis à réintégrer dans ce type de mariage. C'est en quelque sorte repousser quelqu'un dans une abîme où il a risqué sa vie et a fui pour se sauver du danger. Nous ne nous donnons jamais la peine de savoir pourquoi une personne se lasse de l'autre conjoint. Proverbes 2 nous dit ceci « **Mieux vaut habiter à l'angle d'un toit, que de partager la demeure d'une femme querelleuse. Comme une fontaine troublée et une source corrompue, ainsi est le juste qui chancelle devant le méchant. »** **Un conjoint samson sous un même toit qu'un conjoint « delila » ne sera jamais heureux ni en paix, comme le dit proverbes 2, l'époux ou l'épouse samson chancellera toujours devant le mari ou la femme delila qui est une fontaine troublée.** Comme le dit la Bible dans Ezekiel, les brebis blessées, malades ce sont les conjoints « samson » dont les pasteurs doivent soigner, panser les blessures et mettre en observation pour un suivi permanent. Je plains énormément les bergers de troupeau qui ne se donnent pas la peine de prendre soin des personnes qui se retrouvent dans ce type de mariage. Toute brebis « samson » sans secours retombe dans les griffes de « delila » et meurt mais par contre s'il est soutenu spirituellement, moralement, il peut s'en sortir vivant.

Lorsque le Seigneur Jésus Christ était sur la terre il s'occupait de la multitude mais prenait aussi soin des brebis isolées. Toute personne en danger cherche le secours chez ses semblables si ces derniers la repoussent, ne la comprennent pas, elle finit par tomber dans le désespoir et là c'est le pire qui se produira.

Le véritable amour de son prochain consiste en ce que nous nous sacrifions pour les autres quand ils se plaignent, manifestons de la compréhension, de l'intérêt, de la patience envers eux. Dieu dans sa souveraineté peut aussi toucher le cœur de Délila pour l'ù*amener à la conversion. Mais ce qui compte, c'est suivre les directives venant du Saint Esprit dans nos prières c'est alors que nous trouverons le vrai chemin à suivre.

Toute personne qui a une mission divine doit faire extrêmement attention quant au choix du conjoint ; beaucoup de ministères ont été détruits à cause d'une telle sorte de mariage.

LES ENFANTS ISSUS DE CE COUPLE

La Bible déclare ceci « Les enfants sont sanctifiés à cause du parent croyant » comme je l'avais mentionné plus haut que sous ce toit, il y règne deux tendances : Dieu et satan ou les œuvres de la lumière et les œuvres des ténèbres, ce qui fait que les enfants issus de ce couple sont sanctifiés à cause du parent « samson » ; ils sont de temps en temps en proie aux attaques des forces du mal à cause de la méchanceté du parent « delila » qui donne de temps à autre l'accès aux démons dans la maison. La collaboration du parent « delila » avec les philistins favorise assez souvent à ces derniers leur infestation dans la maison ou dans la vie de ces enfants provoquant des maladies, des afflictions aux enfants. Ceci ne peut pas les amener à la mort à cause de l'alliance du parent « samson » avec Dieu.

Lorsque nous méditons le livre de Juges 15 ; la Bible déclare qu'à chaque fois que « delila » facilitait l'accès aux philistins, « samson » s'en rendait compte il se levait et les philistins prenaient la fuite ce qui veut dire en d'autres termes que le conjoint « Samson » prend conscience de se lever dans la prière, les ennemis se dispersent à cause de la présence du Saint Esprit sur son oint, ainsi les enfants sont protégés.

Dans ce foyer où il y a de temps à autre l'infestation des démons à cause des pratiques occultes du parent « Delila », les enfants tombent souvent malades.

J'ai connu un couple « Samson et Delila » leurs enfants étaient hospitalisés à tour de rôle, ces enfants faisaient souvent des cauchemars pendant la nuit, ils avaient des visions horribles or c'était à cause du parent « delila » qui cherchait à tout prix à livrer le parent « samson » aux philistins.

Tellement que ce climat maléfique persistait, le parent « samson » a eu le réflexe de se lever dans la prière, il a découvert la source de ce mal et cela a entraîné leur divorce. Après quelques années le parent « delila » est mort.

Aussi longtemps que le parent « Delila » demeurera dans ce foyer, les enfants seront toujours en danger permanent ; il leur faut Christ à tout prix. Les enfants issus de ce couple portent plus d'affection au parent « samson » plutôt qu'au parent « delila », ils ne sont pas épanouis totalement à cause des frustrations causées par le parent méchant.

Les attaques lancées contre le parent « samson » par le parent « delila » et ses philistins créent un climat d'insécurité chez les enfants qui deviennent avec le temps peureux, renfermés, tristes, méfiants…. Le parent « samson » doit se réveiller dans la prière pour la protection des enfants. L'esprit de l'enfant est très sensible par rapport à l'esprit d'un adulte. Quand un enfant vit dans un milieu où il y règne une influence maléfique, il se mettra à pleurer beaucoup et sans motif, tombera souvent malade et risque de perdre la vie.

CONSEQUENCES SPIRITUELLES

Les consacrés de l'Eternel (oints) doivent faire très attention quant au choix du conjoint car en faisant un mauvais choix, ils risquent énormément de devenir infidèles à Dieu, de rompre l'alliance éternelle pour satisfaire leur conjoint. Il est écrit dans le livre des actes des apôtres : « mieux vaut obéir à Dieu qu'aux hommes »

Le couple Delila et Samon est aussi à comparer avec le couple Salomon et l'une de ses femmes étrangères ou encore Achab et Jézabel, dans ce couple les conséquences spirituelles sont telles que : si l'on ne réussit pas à te creuver les yeux pour que tu deviennes un objet de raillerie dans le Temple de Dagon, tu pourras devenir un partenaire à construire le Temple de Dagon, Astarté et finalement devenir un Adorateur comme le cas de Salomon, Achab et bien d'autres.

En effet, les « delila » en réalité sont des envoyés sataniques dont le but est de pousser les « samson » à interrompre leur mission divine sur la terre et à devenir les adorateurs de Satan. Les conjoints « delila » provoquent des dégâts importants dans le foyer, entraînant dans la plupart des cas la mort physique et spirituelle de leur conjoint. Psaumes 119 : 36-37 stipule ceci : « Incline mon cœur vers tes préceptes et non vers le gain ! Détourne mes yeux de la vue des choses vaines, fais-moi vivre dans ta voie ».

Pour tout enfant de Dieu qui rompt son alliance avec Dieu pour plaire à un conjoint « delila » fera que l'Eternel se retire de lui et le livre au bon plaisir de ses ennemis, DIEU regardera faire tes ennemis. Juges 16 : 17-20.

La captivité survient sur le chrétien lorsqu'il désobéit à l'ordre divin et refuse de suivre les instructions du Saint Esprit, cela est écrit dans le livre de **Jérémie** nous dit dans son chapitre *42 : 15-18 « Et que l'Eternel, ton Dieu nous montre le chemin que nous devons suivre, et ce que nous avons à faire »*. La désobéissance répétitive du chrétien aux préceptes divins la conduit vers la captivité et voici les atrocités que nous font subir nos ennemis : *Juges 16 : 21 « Les philistins le saisirent, et lui crevèrent les yeux ; ils le firent descendre à Gaza, et le lièrent avec des chaînes d'airain. Il tournait la meule dans la prison. L'ennemi se précipité premièrement de crever les yeux* : mort spirituelle, tu perds la vision, ce que tu avais de précieux.

Le berger du troupeau qui a les yeux crevés entraînera dans sa chute le reste du troupeau. Jésus a expliqué cela clairement dans… « Les yeux sont la lampe du corps si la lampe s'éteint tout le reste du corps est dans le noir. Celui qui a les yeux crevés devient la risée de tous, il a comme lot les moqueries, les pierres…, il devient inutile dans la société, il devient le sel qui perd la saveur ; il ne vit plus à la lumière des vivants.

En deuxième lieu, ils te font descendre à Gaza (dans le monde des ténèbres) pour te lier avec les chaînes d'airain et sont sûrs que tu n'échapperas pas : là ils font de toi ce que bon leur semblera, tout ceci ne peut que t'entraîner à la mort. Voilà la conséquence de désobéir à la mission divine, il faut éviter dans notre vie à décevoir Dieu de manière à ce qu'il nous tourne le dos et devienne spectateur dans notre vie, il regardera faire nos adversaires, nos prières seront sans échos.

Pour la plupart des cas, la captivité du serviteur ou servante de Dieu par les philistins a deux finalités :

1. Juges 16/21 : le serviteur ou la servante de Dieu sera assujetti toute sa vie par les philistins ;

2. Jérémie 52/11 : le serviteur ou servante de Dieu meure dans la prison dans laquelle le place ses ennemis, il n'en ressort pas vivant. « Puis il fit crever les yeux à Sédécias, et les fit lier avec des chaînes d'airain ; le roi de Babylone l'emmena à Babylone, et le tint en prison jusqu'au jour de sa mort ».

Si à cause du mariage le consacré de l'Eternel se laisse prendre au filet de l'oiseleur **il n'existe pas d'autres alternatives que la servitude à vie ou la mort.** L'apôtre Paul a compris cela, vue la mission lui confiée par Jésus Christ, il a préféré rester célibataire de peur de rater la couronne de vie. A ce propos aussi les chrétiens catholiques ont raison quand les prêtres et les abbés restent sans se marier.

Le livre d'Ezekiel 18 : 24 est clair à ce sujet, il stipule ceci : « Si le juste se détourne de sa justice et commet l'iniquité, s'il imite toutes les abominations du méchant, vivra-t-il ? Toute sa justice sera oubliée, parce qu'il s'est livré à l'iniquité et au péché ; à cause de cela, il mourra ».

La prostitution spirituelle tue. De nos jours, l'ennemi utilise le mariage comme un piège pour les oints de l'Eternel, ceux qui ont fait l'alliance avec Dieu. La Bible nous recommande d'être prudents comme le serpent. De nombreux serviteurs de Dieu tournent le meule pour les idoles, ils ne travaillent plus pour Dieu. Que le Saint Esprit aide tout un chacun à comprendre et à se retrouver.

QUELQUES PISTES DE SOLUTION

Pour tous ceux qui se sont retrouvés dans Babylone enchaînés, voici la solution :

Psaumes 28 : 1-9 Méditer et supplier

Esaïe 49 : 24-26 « Le butin du puissant lui sera-t-il enlevé ? Et la capture faite sur le juste échappera-t-elle ? Oui, dit l'Eternel, la capture du puissant lui sera enlevée, et le butin du tyran lui échappera ; je combattrai tes ennemis, et je sauverai tes fils. Je ferai manger à tes oppresseurs leur propre chair ; ils s'enivreront de leur sang comme on s'enivre du moût. Et toute chair saura que je suis l'Eternel, ton sauveur, ton rédempteur, le puissant de Jacob. Dieu a le pouvoir d'arracher son oint entre les dents des méchants.

Lorsque les enfants d'Israël ont été mordus par les serpents brûlants, ils ont levé leur regard vers le serpent d'airain élevé et ont été sauvés de la mort, de même aussi pour tous ceux qui sont dans les prisons des philistins et des babyloniens, qu'ils lèvent leurs yeux vers la croix de Jésus Christ et ils seront sauvés.

Luc 4/17-19 Jésus est venu guérir ceux dont le cœur a été brisé ; proclamer la délivrance aux captifs et aux aveugles le recouvrement de la vue… Tout est possible à celui qui croit.

CHAPITRE III :

ABRAHAM ET SARA

Génèse 20 : 1-18

III.A Caractéristiques

Abraham

- Ami de Dieu
- Serviteur de Dieu
- Est en alliance avec Dieu
- Est fidèle
- Doux
- Patient
- Pratique la justice

Sara

- Servante de Dieu
- Douce
- Soumise
- Fidèle
- Complice de son mari gen 20 : 2

Foyer

- Y règne la paix
- L'harmonie parfaite
- Béni
- protégé par Dieu
- C'est la catégorie de mariage très rare de nos jours, les deux conjoints vivent très longtemps ensemble.

Dans ce type de mariage le numéro 1 du foyer est en alliance avec Dieu, la conjointe « sara » s'aligne automatiquement derrière son mari « abraham » pour poursuivre un même but, prier un même Dieu. Et le mari et la femme pratiquent la justice ; ils conduisent leur foyer suivant les ordres divins.

Le mari « abraham », en tant que chef de famille, avait des relations parfaites avec Dieu, lesquelles firent de lui une personne inviolable, il était défendu par Dieu lui-même. Génèse 2O : 7 « maintenant, rends la femme de cet homme, car il est prophète, il priera pour toi, et tu vivras. Mais si tu ne la rends pas, sache que tu mourras, toi et tout ce qui t'appartient. » Tellement qu'Abraham avait privilégié ses relations avec Dieu et qu'il s'arrangeait toujours pour lui être agréable, voilà que Dieu a menacé de mort Abimelec et tous les siens quoiqu'il n'eût pas déshonoré Sara. La maison d'Abimelec avait été aussi frappée de stérilité à cause de Sara.

Si le chef de foyer est un « abraham » personne ni aucune puissance du mal n'osera s'attaquer à ce mariage n chercher un moyen d'accès car la Bible déclare Dieu promène ses regards sur la terre entière pour soutenir ceux qui sont à lui.

La soumission de Sarah à l'égard de son époux Abraham est une chose à souligner. Sarah se soumet à Abraham son mari, serviteur de l'Eternel Dieu, et du fait qu'elle se soumet à Abraham, elle finira par se soumettre au Dieu que sert son mari et si elle s'est retrouvé à Canaan c'est parce qu'elle suivait son mari que Dieu conduisait par la foi.

L'Eternel des armées lui-même est le défenseur de ce mariage. Esaie 17 : 12 » ; dans cette sorte de mariage, c'est le Saint Esprit lui-même qui menacent les ennemis de ces deux conjoints. Il les disperse comme la balla au vent, quel que soit leur nombre, leur force, leur mugissement et leur grondement contre ce toit conjugal, il demeure inébranlable. Toutes les personnes qui ont la grâce de vire sous ce toit conjugal, bénéficieront de la protection divine.

La Bible déclare que la joie de l'Eternel c'est notre force, quand nous faisons ce qui est agréable aux yeux de l'Eternel et que nous nous efforçons dans cette voie, la joie de l'Eternel nous rendra fort par rapport à nos adversaires car là Dieu est avec nous, qui pourra nous vaincre.

Les deux conjoints « abraham et sara »vivaient dans une complicité sans pareil génèse 2O : 2-5, leur amour l'un envers l'autre était si sincère, fort qu'aucun n'avait trahi l'autre d'autant plus que lorsqu'Agar, l'esclave d'Abraham s'est retrouvée enceinte, elle avait essayé de mépriser Sara, le mari « abraham » a permis à Sara de traiter Agar selon que cela lui semblera bon.

« Agar » peut ici représenter un ennemi du foyer, un élément perturbateur de la vie de ce couple. Les deux conjoints ont vécu dans une harmonie parfaite pendant des années, aucune fois le mari « abraham » n'opprima sa femme Sara génèse 21 : 12 b.

L'un des éléments du succès dans ce mariage est celui-ci : exécution prompte des ordres divins. La séparation d'Abraham d'avec Lot a fait que ce couple reçoive une fois de plus des promesses de bénédiction de la part de l'Eternel. Génèse 12/1-3 Gen. 13/14-18.

La plupart des couples ne sont pas bénis car ils refusent de se séparer de leur Lot (famille, totem, coutumes, traditions, maison familiale, attachement excessifs au patrimoine familial, vie non conforme à la Parole de Dieu).

Les promesses que le mari « Abraham » reçut de Dieu après la séparation avec les siens furent non seulement des promesses de bénédiction mais aussi pour sa postérité dans l'éternité (le roi David a également reçue ce genre de bénédiction). Notre sincérité avec Dieu permet à Dieu que nous obtenions des faveurs particulières de la part de l'Eternel.

Le conjoint « abraham » sert Dieu avec crainte, c'est aussi cela l'une des causes de son enrichissement.

L'obéissance aux ordres divins nous épargne de beaucoup de choses mauvaises qui pouvaient nous arriver, à supposer qu'Abraham avait désobéi à Dieu en restant au pays de Chaldée et qu'Agar en devenant enceinte, allait influencée la belle-famille et le couple Abraham et Sara risquait le divorce ou la séparation, ou soit que ce chagrin pouvait emporter Sara, parce que là la belle-famille allait se mêler, le mari « abraham » influencé, devinez la suite des évènements.

La fidélité du mari « abraham » envers son Dieu a eu un impact majeur quant à la solidité de son foyer.

La femme « sara » est un bon époux car elle a accepté le Dieu du mari « abraham » parce qu'elle n'a pas hésité d'obéir à l'ordre de changer son nom saraï en Sara. Génèse 17 : 15-21.

Les deux conjoints adorent un même Dieu sauf que le mari « abraham » avait une communion plus approfondie avec l'Eternel par rapport à Sara.

Dans cette sorte de foyer, les enfants sont bénis dès avant leur naissance, ce sont des enfants des promesses, ils héritent des bénédictions de leur parents tant spirituelles que matérielles. Pour preuve, lorsque Dieu a apparu à Moïse, il s'est présenté au Nom de Dieu d'Abraham, d'Isaac et de Jacob.

Esaïe 54 :13 dit « tous tes enfants seront tous mes disciples et vivront en pleine prospérité ».

Les rejetons du couple « abraham et sara » sont d'office destinés à servir Dieu ; les deux conjoints ont pour toujours l'approbation de Dieu. Et la Bible déclare dans le livre des Romains « Si Dieu est pour nous, qui sera contre nous ? Dieu est pour le couple Abraham et Sara, personne ne peut les condamner au divorcer ni à la mésentente, génèse 24 : 5O « la chose vient de Yahwe, nous ne pouvons dire ni oui, ni non.

L'alliance d'Abraham avec Dieu a grandement influencée ce foyer, le mari « Abraham » et sa femme vécurent le plus longtemps et cela dans un climat d'entente parfaite.

Abraham et Sara forment une seule chair spirituellement et physiquement dans ce sens que l'alliance d'Abraham avec Dieu était aussi valable pour Sara ; car comme cela est écrit dans Amos 3 :3 ils se sont mis d'accord au départ en adoptant un même Dieu et de marcher avec lui.

LES ENFANTS ISSUS DE CE COUPLE

Les enfants issus de ce couple, appartiennent à la race des gens béniés par l'Eternel, ils sont influents dans tous les milieux où ils passent psaumes 112/2. Ce sont des enfants bien nés, équilibrés, ils ont la semence de Dieu en eux, quelques soient le parcours qu'ils peuvent emprunter dans leur vie, les zones de turbulence, l'œil de Dieu est sur eux, Dieu finit par les récupérer plus tard pour les utiliser selon le plan divin.

Ces enfants grandissent dans un climat pacifique, ce qui joue un rôle majeur sur l'équilibre mental et psychique ; même lorsqu'il leur arrive de quitter le toit paternel ou familial, ils sont sous l'ombre du Tout Puissant.

Prenons l'exemple de Jacob, quoiqu'il fut malmené par Laban, l'œil de Dieu était sur lui, Dieu a menacé Laban pour lui. Esaïe 65 : 23.

Esaie 32 : 17-18 « l'œuvre de la justice sera la paix, et le fruit de la justice le repos et la sécurité pour toujours…

Lorsque le numéro du foyer suit la voie de la justice, la paix est le lot de ce foyer, le fruit de cette justice apporte le repos et la sécurité pour toujours dans ce mariage.

CONSEQUENCES SPIRITUELLES

Si nous sommes en alliance avec Dieu, il tient toutes choses entre ses mains selon que cela est confirmé dans Job 1 : 10 « Dieu protégeait Job de toutes part comme par une clôture ainsi que tous ses biens » (Traduction français courant)

Tout celui qui craint Dieu de tout son cœur, et qui le sert avec tremblement, Dieu lui fera grâce d'épouser un conjoint « abraham » afin qu'il vive dans la paix, le repose et la sécurité toute sa vie.

Dans ce type de mariage, l'un des conjoints est en alliance avec Dieu et l'autre conjoint s'allier également à Dieu en acceptant le même Dieu que l'autre ; spirituellement parlant, les deux conjoints se sont mis d'accord pour un même Dieu, le bonheur , la grâce, la joie, la richesse leur est accordés par surcroit.

Tout homme de Dieu qui épouse un conjoint « sara » ira jusqu'à la fin de son ministère et cela avec quiétude et sans embûches, il mourra de la mort des justes.

Un serviteur fidèle et obéissant évoluera dans sa vie spirituelle exactement comme notre père Abraham et lèguera à ses enfants diverse richesses (spirituelle et matérielle) ; la miséricorde de Dieu sera sur sa descendance de génération en génération. Ps 103/Esaïe 54/13/Esaïe 44 : 1-3 Ps 112 : 1-4.

La marche du chrétien a un lien sur le climat de son foyer. Plus nous développons notre intimité avec Christ, plus nous serons heureux dans notre foyer. Esaïe 32/17.

La Bible déclare que pendant le règne de David Israël vécut pendant 40 ans dans la paix et la sécurité. Le roi David était dans la voie de la justice c'est ce qui a fait que les enfants d'Israël soient en repos. C'est aussi la même chose pour le responsable du foyer, sa marche compte beaucoup pour la sécurité de ceux qui sont sous sa tutelle.

Le bonheur dans le foyer dépend aussi de notre marche avec Dieu.

La Bible est claire à ce sujet Ps 18/21-28 « l'Eternel m'a traité selon ma droiture, il m'a rendu selon la pureté de mes mains ; car j'ai observé les voies de l'Eternel, et je n'ai point été coupable envers mon Dieu. Toutes ses ordonnances ont été devant moi, et je ne me suis point écarté de ses lois. J'ai été sans reproche envers lui, et je me suis tenu en garde contre mon iniquité. Aussi, l'Eternel m'a rendu selon ma droiture, selon la pureté de mes mains devant ses yeux. Avec celui qui est bon, tu te montres bon, avec l'homme droit tu agis selon la droiture, avec celui qui est pur, tu te montres pur, et avec le pervers tu agis selon sa perversité. Tu sauves le peuple qui s'humilie, et tu abaisses les regards hautains.

Notre père a marché dans la droiture, Dieu lui a donné le bonheur dans son foyer. Tout celui qui a les deux pieds sur le chemin de la justice, trouvera le repos dans son foyer.

Il peut arriver qu'un juste ou qu'une juste se marie à un pervers, Dieu le sépare carrément. Abigaïel s'est marié à Nabal, Dieu a tué Nabal ensuite il a orienté Abigaël vers David qui fût un juste.

CHAPITRE IV :

ACHAB ET JEZABEL

I Rois 21 :1-27 Nombres 25 : 1-3

Caractéristiques

Achab

- Connaît Dieu I Rois 20 : 13 ; I Rois 21 : 27-29
- Non affermi dans la justice
- Sans autorité maritale I Rois 21 : 7-8 ; 25
- Sans personnalité
- Facilement influençable
- Infidèle à Dieu I Rois 21 :26

Jezabel

- Ne connaît pas Dieu
- De nature méchante Proverbes 7 : 5-23
- Domine sur son mari
- Arrogante
- Audacieuse
- Hautaine
- Rusée
- Malveillante Prov.7 : 10-21
- Querelleuse
- Séductrice entraînée Prov.7 : 4-5
- La signification de son nom : dont Baal est l'époux

Foyer

- Uni
- contrôlé par les forces du mal
- Le mal domine plus que le bien
- Deux chefs de foyer : mari et la femme
- Les enfants sont maudits par Dieu
- A problèmes.

Dans ce passage, nous lisons l'histoire du couple Achab et Jezabel. Le mari « achab » est sans autorité devant sa femme à tel enseigne que cette dernière l'a séduite au point de le pousser à déplaire à Dieu.

Dans ce foyer, les rôles sont inversés, c'est la femme « jezabel » qui joue le rôle du mari et l'époux « achab » joue celui de la femme. Sous ce toit c'est la femme qui décide et agit selon ses motivations.

Jezabel est ce genre de femme qui cherche à plaire à son mari cela n'est pas mauvais, mais elle se donne à plaire au mari même pour des choses qui vont à l'encontre de la volonté de Dieu ; elle est un genre qui accompagne le mari dans le declin et cela entraîne la destruction du foyer, elle est une femme qui renverse sa propre maison en voulant satisfaire les appétits charnels de son mari. Elle a répandu le sang de Naboth pour réjouir le cœur de son mari, en effet on voit ces femmes dans le foyer connaissant la loi de Dieu, mais une fois enceinte contrairement à la volonté de l'époux, elle préfère verser le sang pour plaire à son mari et pratique l'avortement.

En général, les femmes « jezabel » se mêlent même de la vie professionnelle de leur mari, elles ont toujours tendance à leur prodiguer des conseils qui vont jusqu'à détruire la carrière des conjoints « achab ».

La femme Jezabel est méchante de par sa nature et utilise son mari « achab » comme un pion du jeu des dames selon que cela lui semble bon.

Elle est arrogante par surcroît et ne craint personne : les amis de son mari, les membres de la belle-famille. Elle a la nature des lions c'est-à-dire qu'elle ne recule devant rien, elle s'en fout éperdument des conséquences de ses actes. La conjointe « Jezabel » sait au fond d'elle-même que quelques soient les scandales, les bêtises qu'elle peut faire, le mari « achab » n'osera pas piper mot, elle a le contrôle de toutes choses dans son foyer.

Jezabel appartient à la race des femmes étrangères dont le but est d'utiliser des paroles douceureuses. Par définition : c'est douceur fade et affectée. Ces paroles douceureuses cachent une certaine méchanceté, ruse ayant pour but séduire une personne pour pouvoir la piéger ; abuser de sa victime pour attirer dans son filet sa victime. Proverbes 7 :5 ;10. Quand on a affaire à une telle femme, il est très difficile de découvrir sa méchanceté il faut avoir le discernement par le Saint Esprit. Car ces genres de personnes ont la mise d'une prostituée (n'ont pas honte) et la ruse dans le cœur ; elles possèdent en elles la capacité maléfique d'attirer une personne dans le but de lui faire du mal sans pour autant se faire remarquer. La femme « jezabel » a aussi un signe qui ne trompe pas pour la reconnaître : elle est bruyante et indomptable, agitée comme la mer.

En lisant attentivement ce passage, nous constatons comment de par son audace, la femme « jezabel » a manipulé plusieurs personnes à la fois en les poussant dans le meurtre de Nabot de Jizreel. Elle s'est mêlé de la politique d'Israël en exerçant sa domination maléfique sur les anciens d'Israël, les magistrats, le roi Achab, les scribes, toute la population de la ville de Naboth, les deux voyous dans l'assassinat d'un seul individu, elle est parvenue à salir par le sang les mains de toutes ces personnes. I Rois 21 : 7-10 « Alors Jezabel, sa femme lui dit : est-ce bien toi maintenant qui exerce la souveraineté sur Israël ? Lève-toi, prend de la nourriture, et que ton cœur se réjouisse moi, je te donnerai la vigne de Naboth de Jizreel…

Il est écrit dans le livre de Genèse que l'homme dominera sur la femme et celle-ci sera attirée par lui, or dans cette sorte de mariage, c'est l'inverse qui se produit, la femme « Jézabel » qui domine sur son mari « Achab » et ce dernier est attiré par elle. C'est un signe d'alarme quand une femme prend le devant par rapport au mari, c'est l'homme qui est chef de la femme et non la femme. Cela est nettement clair qu'il est question ici d'une épouse « Jézabel » méchante de par sa nature et malintentionnée.

Les épouses « Jézabel » sont de porte-malheur, la richesse qu'elles apportent à leur mari, c'est la ruine, la désolation, les conflits, les problèmes, les maux, les tracasseries…Leurs agissements attirent la malédiction sur le foyer. I Rois 21 :21-25 Les dégâts causés par le conjoint « Jézabel » a amené la malédiction non seulement sur le mari « Achab » mais aussi sur les enfants et sur tout Israël. Les « Jézabel » entraînent dans leur chute plusieurs personnes, voyez le degré de leur méchanceté « Dieu dit : voici je vais faire venir le malheur sur toi ; je te balancerai, j'exterminerai quiconque appartient à Achab, celui qui est esclave et celui qui est libre en Israël, celui de la maison d'Achab qui mourra dans la ville sera mangé par chiens, et celui mourra dans les champs sera mangé par les oiseaux du ciel. » Regardez jusqu'à quel point, le fait pour une personne d'épouser un ou une « Jézabel », la malédiction de Dieu peut venir sur lui, les enfants, la famille ou même une nation entière ? Le degré de malheur qui peut survenir dans la vie de quelqu'un tout simplement parce qu'il a eu la malchance d'épouser ou de se marier à un ou une « Jézabel », beaucoup de vie, de famille sont ainsi détruites à cause d'une seule personne. Le mariage peut être une bonne chose ou une très mauvaise dans la vie d'un être humain.

La femme « Jézabel » n'a pas de cœur, tout ce qui arrive comme malheur, elle en est consciente et s'en réjouit, c'est un sujet de joie pour elle, elle est parvenue à atteindre son but, à réaliser ses mauvais desseins.

Par contre, le mari « Achab » est docile, humble car après avoir entendu le message de Dieu contre lui et sa famille (I Rois 21/27), il a jeûné en humiliant son âme devant Dieu, il le genre de chrétien non affermi dans la Parole et dans la foi. Il est facilement influençable, il se laisse emporter à tout vent de doctrine. C'est un mari sans autorité dans son foyer, il est rêveur, il ne se lève pas en tant qu'homme, taper du poing la table et s'imposer en tant que chef de foyer.

Le mari « Achab » se fait tout petit devant sa femme « Jézabel », il est naïf, il croit plus aux paroles de sa femme qu'aux paroles de Dieu. Il fait de sa femme une idole et lui vend son autorité maritale. Il est complexé vis-à-vis de sa femme qu'il croit plus intelligente, plus courageuse, plus éveillée que lui. Pour lui, toute solution ne peut venir que de « Jézabel ».

Dans cette sorte de mariage, la femme « Jézabel » apporte les ténèbres dans son foyer par ses mauvaises actions et tous les occupants de ce toit sont victimes de ses agissements.

Le mari « Achab » préfère satisfaire sa femme « Jézabel » plutôt que Dieu, c'est pour cette raison qu'il a été maudit par Dieu ; la femme « Jézabel » se plaît dans le mal, incorrigible, souvent de mauvaise éducation, conflictuelle. Le mal est doux dans le palais (bouche) de « Jézabel ».

Sous ce soit conjugal, la vie spirituelle d'Achab est étouffée par les agissements de la femme « Jézabel », elle est en fait le panneau de signalisation qui indique aux démons que votre place est ici et imaginez le climat qui règne dans ce foyer.

Je vais vous raconter l'histoire d'un couple dont le mari fut un « Achab » et la femme « Jézabel ». Au départ, le mari avant de se marier, mener une vie paisible, il prospérait à tous égards. Dès qu'il épousa sa femme, elle a commencé par pousser son mari à se débarrasser de tous les occupants de la maison : domestiques, bonne, neveux, nièce, petits frères….en racontant toutes sortes de mensonges sur eux. Elle est parvenue à semer la haine dans le cœur de son mari pour ses proches. Elle commence par diviser pour mieux régner. Je vais ouvrir une parenthèse pour souligner un autre trait de caractère de « Jézabel », elle est infidèle à son mari.

En deuxième étape, elle a commencé à dresser son mari contre ses propres parents ainsi que les autres membres de famille en faisant croire à son mari que ces derniers lui voulaient du mal. C'est le genre de femme qui n'a aucune considération envers ses beaux-parents moins encore les autres membres de sa belle-famille. Elle est spécialiste en calomnie, ses paroles sont comme un venin qu'elle injecte dans les cœurs des autres pour semer la division, les conflits, la haine…

Cette femme « Jézabel » est parvenue à faire croire au mari « Achab » que ses parents et les autres membres de la famille sont des sorciers, bref elle a cette manie-là de diaboliser les personnes dont elle veut se débarrasser auprès de ceux qui les aiment. Finalement, elle est parvenue à semer dans l'esprit du mari « achab » le sentiment d'insécurité, et la méfiance de ses proches.

Troisième étape, elle a mis en conflit le mari « Achab » et ses meilleurs amis en se montrant impolie, arrogante, résultat ils se sont retirés un par un, supportant mal son caractère.

En quatrième lieu, elle a ruiné le mari « Achab » en le poussant à vendre ses biens précieux et cet argent lui a servi pour commettre ses infidélités et payer ses marabouts et féticheurs et aussi commettre l'adultère avec ses amant..

Un autre trait de caractère des « Jézabel », elles sont l'esprit de luxure, elles veulent mener un train de vie au de-là des revenues de leur mari « Achab ». Elles sont très dépensières, détruisent les biens du mari tel que voiture, elles n'ont pas le temps de s'occuper du mari ainsi que des enfants, elles ont la tête en l'air, toujours agitées.

Pour finir notre histoire, la Bible déclare « le méchant, même s'il réussit à cacher sa méchanceté tout le monde finira par le découvrir. », le voile est finalement tombé des yeux du mari « Achab » qui a compris toutes les démarches machiavéliques menées par « Jézabel » pour le débarrasser des siens, il était déjà ruiné et a découvert aussi les infidélités de sa femme « Jézabel » et s'en est débarrassé.

Toutefois, comme conséquences, sur le plan spirituel elle est quand même parvenue à atteindre son but : elle a détourné le mari « Achab » de la voie de la justice et ce dernier a déplu de plus en plus à Dieu à cause des abominations qu'il commet dans la magie, lui qui avant d'épouser Jézabel, se confiait aux serviteurs de Dieu. Après plusieurs années, le mari « Achab » est mort frappé et maudit par Dieu. Je tiens aussi à signaler en fait ce qui est très important : toute personne qui a eu le malheur ou la malchance de grandir dans un tel foyer, aura beaucoup de luttes dans sa vie dans tous les domaines : travail, mariage, affaires….il sera sans cesse insatisfait des fruits de ses efforts à cause de la malédiction reçue en vivant dans le foyer « Achab et Jézabel », pour tous ces gens, la solution est dans Esaïe 42/7 Jésus Christ est venu pour ouvrir les yeux des aveugles, pour faire sortir de prison le captif, et leur cachot ceux qui habitent les ténèbres. Ezéchiel 18/2O ; Zacharie 8/13. Nombreuses sont les personnes qui subissent les conséquences des malédictions contractées pour avoir vécu dans foyer « Achab et Jézabel », dont ils ne connaissent ni les aboutissants ni les tenants, tant qu'ils ne découvriront pas la source de leurs maux, ils vont gémir toute leur vie durant. Jérémie 33/3 est très important pour eux.

Le mari « Achab » est celui qui a un caractère faible, il a une confiance aveugle envers « Jézabel », il a toujours cette tendance de se plaindre comme une colombe devant sa femme, pour lui, c'est elle la porteuse des toutes sortes de solutions, mauvaise ou bonne.

Autre caractéristique de conjoint « Jézabel », elle ment comme elle respire, il lui est quasi impossible pour elle de se repentir de ses mauvais actes, bien au contraire, elle enfonce de plus en plus dans la boue du mal. Elle a comme autre trait de caractère, elle fait semblant d'aimer le conjoint « Achab » en couvrant cela par une attention feinte et une gentillesse à l'extrême. La plupart de signe des méchants sont décrits dans les psaumes 73 : 6-1O (traduction français courant) « Ils portent l'arrogance comme une décoration, la violence leur va comme un costume sur mesure. Dans leur luxe, ils vous regardent d'en haut, on voit tout ce qu'ils imaginent,. Ils se moquent, ils parlent méchamment, d'un air supérieur, ils tordent la vérité. » Ce verset résume en quelque sorte tout ce que j'ai eu à dire plus haut sur le conjoint « Jézabel ».

IL NE FAUT JAMAIS COMMETTRE L'ERREUR DANS LA VIE AU DEPART DE S'ENGAGER DANS UN TEL MARIAGE ET ENSUITE DEVENIR UN SPECIALISTE EN PRIERE DE SUPPLICATION.

La Bible déclare malheur à celui qui fait des alliances sans consulter Dieu ; car lorsque tu te mettras à crier à plein gosier, Dieu te tournera le dos, tu mettras beaucoup de temps. Le mariage doit être dans la volonté de Dieu parce que lorsque nous examinons les écritures, nulle part Sara a fait des prières de supplication pour demander à l'Eternel de changer le caractère d'Abraham, toute personne qui se marie en dehors de la volonté de Dieu est comme Jonas qui a abandonné le chemin de Ninive pour Tarsis, il a eu à affronter les vents et marées, les tempêtes, les vertiges, les malaises de la mer et à la fin, il a été avalé par le gros poisson pour être jeté sur une terre déserte jusqu'à ce qu'il a pris la résolution de faire la volonté de Dieu, c'est alors que Dieu marcha de nouveau avec lui et il eut plein succès dans sa mission. C'est la même chose pour toute personne qui se marie en dehors de la volonté de Dieu et plus grave encore avec « un ou une Jézabel », il ou elle aura à affronter les vents et marées, les tempêtes, les vertiges, les malaises de la mer, sera pris en otage dans le bateau, à la fin il sera jeté à la mer et avalé par le requin, le ventre du requin sera comme le séjour de mort pour lui ou elle, où il se mettra à crier au secours à Dieu parce qu'il n'aura pas d'autre alternative. La terre déserte représente le divorce, quand une personne divorce, il reprend la vie à zéro, il est vide sur tous les plans, il lui faut envisager des nouvelles perspectives, revoir où commencer ? Que faire ? Avec qui recommencer ? Rester seul ou vivre seul ? Lorsqu'une telle personne décidera de marcher avec Dieu, c'est alors qu'il revivra ;

Ayant à une époque de ma vie œuvré dans le département de la délivrance et intercession, j'ai fait ce constat : 80 % des requêtes étaient constituées des femmes et hommes qui n'étaient pas heureux dans leur foyer. Il est facile à un homme de se débarrasser d'une femme qui lui cause du tort, par contre, la femme a un grand cœur, elle prend son temps à analyser tous les paramètres, elle hésite pour divorcer, souvent elles préfèrent hypothéquer leur vie pour leur enfants (surtout les africaines).

Un autre trait de caractère des épouses « Jézabel », elles traitent leurs maris « Achab » comme des enfants, elles les chosifient en quelque sorte, elles ne les considèrent pas comme leurs chefs, elles s'imposent de toute leur force. Elles ne reculent devant rien, elles sont tellement sûres d'elles.

Les conjoints « Jézabel » en général, parviennent par leur rite, à déplacer les conjoints « Achab » du Royaume de Christ au royaume de Satan, en fait, elles injectent leur venin du mal dans les esprits de leurs conjoints. Et pour couronner le tout, elles ruinent d'une manière systématique la vie des conjointes ou conjoints « Achab » en provoquant en même temps leur mort prématurée par leur méconduite ou agissements. Le conjoint ou conjointe

« Jézabel » va de mal en mal, sa méchanceté va croissante ; elle domine leur moitié au point de l'empêcher de s'adonner à Dieu pour le pousser à adopter ses idoles. Quand un chrétien se marie à une « Jézabel », ses prières deviennent inefficaces parce qu'il préférera plaire à « Jézabel » plutôt qu'à Dieu.

Les enfants issus de ce couple

Le comportement des enfants a un rapport avec l'état d'âme de leurs parents. Tout enfant né dans le mariage ou hors mariage se comporte suivant l'influence du climat qui règne dans la maison où il grandit (parents, parents adoptifs, oncles, grande sœur, grand frère, cousin, tante…

La méchanceté du parent « Jézabel » entraînera ceci : les enfants s'attacheront plus au parent « Achab », qui pour la plupart des cas est de nature docile quoique sans autorité. Dans ce genre de foyer, les enfants peuvent se subdiviser en deux groupes distincts :

- Premier groupe : 70 % de l'ensemble des enfants se rangent du côté du parent achab, étant de la même nature que lui. Ce groupe par compassion au parent « achab », le soutiennent, le défendent contre le parent Jézabel.
- Deuxième groupe : 30 % de l'ensemble des enfants, est de la même nature que leur parent Jézabel c'est-à-dire méchant, coriace, insensible comme la graisse, dominateur, colérique. Cette catégorie des enfants plus tard devienne des voyous, drogués, violents, voleurs, assassins bref les gens de mauvaise vie. On ne peut expliquer leurs agissements qui tendent toujours vers la violence, la haine, la méchanceté, la jalousie, l'impolitesse et l'arrogance.

Dans ce foyer, les enfants ne sont pas unis, ils se méfient les uns aux autres. J'ai eu à connaître un couple Achab et Jézabel. Le mari était dominé totalement par sa femme qui était une Jézabel. Sa femme est parvenue au fil des temps à gagner tous les enfants de son côté et à semer la haine dans leur cœur pour leur père.

Dans ce mariage, le mari avait pour défenseur ses sœurs, qui de temps en temps venaient se chamailler avec sa femme à cause de tout le mal qu'elle faisait à leur frère.

Dans ce toit conjugal, c'était un contre tous c'est le conjoint Achab contre tous sa femme et ses enfants. Ce dernier était tellement malheureux qu'il restait travaillant au bureau très tard pour fuir le climat malsain de sa maison. Il ne rentrait à la maison qu'après avoir pris la bière et rentrer dormir. Le weekend, il le passait chez les amis ou la famille. Comme je l'ai mentionné plus haut un conjoint Jézabel a toujours pour but à atteindre provoquer la ruine, la mort, le malheur du conjoint Achab.

Pour couronner le nombre des années passées ensemble, la maman Jézabel à inciter les enfants à voler tout l'argent de leur père, finalement rongé par les soucis, il s'est suicidé.

Les filles Jézabel dès l'adolescence ou un peu avant, apprennent à ravir les copains de leurs amies, elles ont une méchanceté supérieure à leur âge. Elles ont la capacité à leur âge, de jouer des sales coups à ceux d'alentour. Au fil des temps, elles deviennent matures dans leur ruse, elles vont de conquête en conquête, de mal en mal. Elles sont infidèles envers leurs copains et maris ; médisante, calomnieuse, spécialiste pour diviser les gens, les familles, les groupes. Par contre, les garçons « Jézabel » dès l'adolescence, pratiquent la violence et la fraude, ils font sans tenir compte de leur classe sociale.

Un vrai parent doit toujours être un véritable observateur de ses enfants, dans tous leurs gestes, leurs agissements, parce que tout changement de caractère chez un enfant est signe précurseur d'un corps étranger dans son état d'âme. On ne peut redresser un arbre courbé, une fois que l'enfant grandit, c'est souvent très difficile d'essayer de le redresser parce la semence mauvaise a pris racine dans son être.

La seule issue pour les enfants du couple Achab et Jézabel, c'est Christ, sans Jésus dans leur vie, ils demeurent sous la malédiction de Dieu, des hommes à cause du parent « Jézabel.

L'influence qui règne dans un mariage a un impact direct et réel sur le futur des enfants nés ou élevés dans cette maison. Et toute personne qui a la malchance d'épouser ou de se marier à un ou une « Jézabel » aura des caries dans ses os, il ne fera que se plaindre et gémir.

Psaumes 103 : 17 stipule « mais la bonté de l'Eternel dure à jamais pour ceux qui le craignent, et sa miséricorde pour les enfants de leurs enfants. Les parents qui craignent Dieu attirent sa miséricorde sur leurs enfants.

CONSEQUENCES SPIRITUELLES

Tout chrétien qui commet la grave erreur d'épouser un « Jézabel », cesse d'être spirituel pour devenir charnel c'est-à-dire qu'il va quitter l'angle spirituel pour l'angle charnel.

Le mari « Achab » qui au départ consultait Dieu avant toute initiative, à cause de la femme « Jézabel a commencé à plonger dans le mal le plus profond, entraînant dans sa chute les enfants et le peuple d'Israël.

ENFANTS ISSUS DE CE COUPLE

Proverbes 20 : 11 Les enfants issus de ce foyer sont maudits et ne peuvent se libérer de ces malédictions qu'en recevant Jésus Christ comme leur Seigneur et Sauveur personnel. Jérémie 31 « Désormais, on ne répétera plus ce proverbe en Israël, que les parents ont mangé les raisons verts et ce sont les enfants qui ont les dents agacées ».

Cette sorte de mariage change la destinée spirituelle d'un chrétien et le conduit vers l'enfer car il sera sous la malédiction de Dieu (Jérémie 44 : 23) « c'est parce que vous avez brûlé de l'encens et péché contre l'Eternel, parce que vous n'avez pas écouté la voix de l'Eternel, et que vous n'avez pas observé sa loi, ses ordonnances et ses préceptes, c'est pour cela que ces malheurs vous sont arrivés comme on le voit aujourd'hui. » Dieu nous montre toujours par des signes (refus des parents, des amis), rêves, visions. Lorsqu'un mariage n'est pas dans sa volonté, quand nous résistons à sa voix, il ne nous fera subir la conséquence de notre désobéissance dans cette voie que nous empruntons par notre propre volonté. Nous ne connaîtrons que des malheurs dans ce mariage.

Le mariage avec « Jézabel » change la destinée d'une personne et le conduit dans la fosse la plus profonde. Attachons beaucoup d'importance quant au choix du conjoint pour éviter de perdre notre âme.

Pourquoi laisser une créature de la même nature que nous, nous entraîner dans le mal ? Pourquoi chercher la faveur du conjoint plutôt celle de Dieu ? Pourquoi plaire à un être humain et déplaire à notre créateur ? Il est écrit nous aurons tous à paraître devant le tribunal de Dieu : mari, femme, là il ne sera pas question de couple, la bible précise bien « chacun ».

Lorsqu'on avait posé à Jésus Christ la question de savoir qui sera le mari de la femme qui avait épousé 7 frères, Jésus a dit là il n'y aura ni mari, ni femme, nous serons tous semblables.

Le but de tout homme doit être plaire à Dieu à tout prix.

CHAPITRE V :
ASSUERUS & VASTHI

(Couple dirigé par des tierces personnes)
Esther 1 : 1-22

Caractéristiques

Assuérus
- Païen
- Naïf
- Amoureux de sa femme
- Tendre
- Doux

Vasthi

- Païenne
- Délicate
- Orgueilleuse
- Pas soumise
- Pas sage

Foyer

- Contrôlé par des tierces personnes
- Dirigé par des tierces personnes
- Pas uni
- Pas d'harmonie
- Ont moins de moment d'intimité
- Pas de dialogue

Le roi Assuérus était un grand roi sur la terre à l'époque car son empire s'étendait de l'Ethiopie jusqu'à Inde. Son épouse répondait au nom de Vasthi.

Le roi avait organisé un grand festin dans son palais lequel devait durer 188 jours et durant ces jours, il festoyait avec tous les hauts fonctionnaires de son gouvernement ainsi tout le peuple. Dans ce mariage, les deux conjoints sont de personnes d'une même nation, même culture et vivant selon leur bon plaisir.

C'est un couple qui n'est pas uni et ne forme pas une seule chair d'autant plus qu'ils sont dirigés par des tierces personnes ; leur vie de couple est publique. Au départ, il leur fallait demeurer côte à côte du début jusqu'à la fin des festivités. Ils sont restés séparés plusieurs jours, l'ennemi en a profité pour placer l'orgueil chez la reine Vasthi. Esther 1 :1-8.

Cette sorte de mariage est fréquent de nos jours où le mari est préoccupé 24/24 par ses affaires ou la politique et idem chez la femme, l'enveloppe salariale ou le revenu est insuffisant pour les besoins de sa famille. En ces temps derniers, tout le monde court derrière l'argent comme si cela devenait la seule préoccupation des gens ici sur la terre. Tout le monde se sent insatisfait de son bien-être, il faut toujours chercher mieux. La luxure bat son plein, à la recherche du meilleur et les enfants sont sacrifiés. Il est écrit dans le livre des Corinthiens « que les conjoints ne se séparent de commun accord que pour un court instant et ensuite de revenir pour ne pas tomber dans la tentation ».

Pour raison d'affaires, de recherche, de politique, de travail ou service et étude, le mari « Assuérus » part en voyage pendant plusieurs mois voire des années, la femme Vasthi de son côté reste avec les enfants ou les personnes de son entourage, ceci fera germer dans son caractère, certaines attitudes qui n'existaient pas auparavant dans son comportement. Chez certaines « Vasthi », cela entraîne l'infidélité, l'orgueil, le doute, la méfiance, les présomptions, la timidité, les caprices, sentiments de solitude, pitié de soi, tandis que chez les autres « Vasthi » la fidélité, la patience, le courage, l'esprit de débrouillardise, sens d'initiative, de responsabilité…

La non-satisfaction dans la vie d'une femme engendre les réactions soit positives soit négatives cela dépend de l'individu, chez certaines femmes « Vasthi », cela les pousse à la méconduite, chez d'autre la maîtrise de soi.

De nos jours, nous remarquons ceci : le mari « Assuérus » occupant un poste très important dans le gouvernement ou ailleurs, préfère passer 8O % de son temps en dehors de son foyer et ne calcule pas les conséquences de ses longues absences à la maison ; par contre de son côté la femme « Vasthi » se sent bien dans sa peau dans le milieu professionnel et finit par manifester le dédain envers le mari « Vasthi». Lorsque nous passons plus de temps au boulot qu'à la maison, nous nous sentons heureux dans le milieu professionnel ou autre, nous éprouvons plus d'affection envers ceux avec qui nous passons le plus de temps possible tandis que nous intéressons de moins en moins à ce qui se passe dans notre maison. C'est ça qui a fait que Vasthi a préféré décevoir son mari et plaire à ceux qui passent le plus de temps avec elle : amies, femmes de hauts fonctionnaires, ….

Plus nous passons le temps avec ceux de l'extérieur, plus notre affinité envers eux s'agrandit, nous les comprenons mieux que ceux de la maison. Après une longue et dure journée, nous rentrons frustrés, stressés et une fois arrivés à la maison, nous devenons allergiques aux cris des enfants, insensibles aux besoins affectifs de nos conjoints.

Les époux de cette époque sont plus dehors qu'à la maison. Le mariage commence à perdre son vrai sens, car les mariés toujours en quête du meilleur emploi, esprit de cupidité.

Une femme «Vasthi » me dira ceci : tellement que le mari « Assuérus » était plus préoccupé par son travail, ses affaires, la politique, il ne s'intéressait plus à elle, lorsqu'elle se plaignait, il l'envoyait se reposer dans un pays étranger, loin de leur. Lorsqu'elle revenait de ces repos ou congés forcés, le mari « Assuérus » n'avait toujours pas de temps à lui consacrer, il revenait tard épuisé.

Le rapport intime était de plus en plus rare, espacé. A présent, la femme « Vasthi » n'était devenue qu'un objet de décoration de la maison, comme les rideaux de la maison. L'essentiel pour le mari on l'appelait homme marié. Cette femme a pris ceci comme résolution, combler ce vide, elle me dira ceci : j'ai pris comme option de m'occuper de mes affaires, d'ignorer mon mari. Au fils des temps, elle a commencé à éprouver moins de tendresse pour son mari, à le mépriser, désormais, le mari « Assuérus » ne lui était d'aucune importance. Il leur arrivait d'avoir des rapports sexuels après des mois.

Comme je l'ai signifié un peu plus haut, un tel climat dans le foyer fait germer certaines attitudes ou comportements qui ne se trouvaient pas auparavant chez un individu. Comme le dit un adage le milieu change.

Cette épouse « Vasthi » à force de solitude, d'ennui est devenue infidèle à tel point que cela est parvenu à la connaissance du mari « Assuérus » qui la battra copieusement. Elle dira ceci à son mari : tu es quoi à mes yeux ? Tu es même incapable de me satisfaire sexuellement, l'autre est plus disposé et plus proche de moi. Ils sont restés ensemble dans le but de préserver le moral des enfants.

L'isolement d'une conjointe « Vasthi » la rend très têtue envers le marie « Assuérus », car ne pouvant exprimer son entêtement envers un homme autoritaire.

Une fois restée seule au bureau pour finir tous mes suspens, j'ai surpris comme par hasard une femme « Vasthi » avec un de mes chefs en train de s'amouracher. Deux jours après, j'interrogeais cette dame qui me répondra ainsi : je fais cela pour me venger de mon mari qui n'est jamais à la maison et qui semble ignorer ma présence.

J'ai eu la grâce dans ma vie de grandir et demeurer au milieu des gens nobles, j'ai fait ce constat, en majorité les femmes Vasthi sont infidèles à leurs maris « Assuérus » et les dédaignent, lorsqu'elles se retrouvent ensemble, c'est pour critiquer les maris « Assuérus ». J'ai entendu certaines « Vasthi » dire de leur maris : est-ce que toi on peut te classer parmi les masculins ? Tu es inutile dans ma vie, si on pouvait faire reculer le temps, je n'allais jamais t'épouser et au mari Assuérus de répondre : qu'est ce qui te manque ? Tu as tout ce que tu désires, tu voyages quand tu veux et où tu veux. Qu'est ce qu'il te faut encore ?

Dans l'entretemps, le mari « Assuérus » ne se rend pas compte qu'il s'agit d'un problème de rapprochement, d'intimité, d'affinité, de dialogue et non de matériel. Et j'ai remarqué ceci surtout dans le milieu africain quand un homme a beaucoup de moyens financiers, il a tendance à remplir sa maison des membres de sa famille et de sa belle-famille. Ainsi donc quand la maison est surpeuplée, il prend une deuxième femme pour avoir du repos, c'est-à-dire qu'après le travail dure, il se rend chez la deuxième pour passer du temps et rentrer à la maison juste pour dormir. Et la femme est surchargée pour s'occuper de tout ce monde. Par contre, chez les autres races, les hommes « Assuérus », ont tendance à avoir des maîtresses, qu'ils voient de temps en temps, et passent leur temps avec le groupe d'amis. Quand ils reviennent à la maison, ils ne font aucun cas des plaintes de leurs femmes.

Lorsque nous revenons dans le contexte de notre passage biblique dans le livre d'Esther, si, pendant les festivités le mari « Assuérus avait sa femme à côté de lui, il n'allait pas se saouler autant, il a laissé tellement la liberté à sa femme qu'elle a oublié que c'est le mari qui commande.

La femme Vasthi n'était pas soumise car elle n'avait pas hésité un seul instant à humilier son mari qui est une haute autorité, devant ses grands et proches collaborateur. Le mari et la femme doivent passer le plus de temps possible ensemble pour empêcher l'ennemi de s'infiltrer, cela solidifie le couple.

Lorsqu'une personne se retrouve le plus souvent seule, à force de réfléchir, les idées ou pensées s'agitent en foule au-dedans d'elle, cela peut aboutir au changement de comportement, d'attitude vers les siens ou la société.

Ce couple est païen, ils ont comme conseillers ceux de leur entourage, ils acceptent tout ce qui leur est proposé sans hésiter. Dans cette sorte de mariage, il règne la liberté de part et d'autre, chacun agit selon son bon plaisir : le mari Assuérus s'occupe plus des affaires du royaume et néglige la femme « Vasthi », ceci la déséquilibre quelque part du point de vue moral. Le numéro de ce foyer n'est pas libre dans ses actes, ses initiatives, la gérance de son foyer, il décide sous pression des autres.

Nous trouvons aussi cette catégorie de mariage dans les coutumes africaines, ce sont les chefs de clans qui choisissent selon leur critère la femme et la présente au mari, en cas de refus par ce dernier, il est maudit, voire ensorcelé, frappé de stérilité, de folie, de maladie, mauvais sort, on le traque d'une manière occulte jusqu'à ce qu'il craque ou cède. Une fois qu'il accepte d'épouser la femme choisi par les chefs de famille ou clan, ces derniers s'ingèrent dans toutes les affaires de ce mariage. Une fois ils constatent un mauvais comportement de la conjointe, ils la chassent et imposent une autre à sa place. Le mari doit accepter tout ce qu'on lui propose. Quand un homme n'est pas heureux dans un foyer, il devient adultère, il ira de maîtresse en maîtresse. Je connaissais un homme à qui on avait imposé à partir de son village natal (Bandundu/Rdc) une femme selon leurs us et coutumes une femme, car lui s'était installé dans la capitale. Dans l'entretemps, il a eu à épouser une collègue de sa société, et refusant la proposition des chefs de clans. Il a eu deux enfants avec cette femme, lorsque cette nouvelle est parvenue aux oreilles de sa famille au village, ils ont deux délégués deux personnes avec comme mandat d'accompagner la femme choisie par eux chez cet homme. A son tour ils les a tous renvoyés avec la femme du village.

Quelques semaines après leur retour, ce collègue a été menacé et a souffert de dépression extrême à tel enseigne qu'il était devenu presque fou, les médecins l'ont soigné mais en vain. La seule condition lui imposé c'était épouser la femme du clan et se débarrasser de celle de la ville. Après avoir cédé il a été mystérieusement guéri. Ce sont les chefs du clan qui ont un mot à dire pour tout ce qui se passe dans ce foyer.

Dans d'autres horizons, on retrouve à peu le même système dans les familles nobles, conservatrices des us et coutumes. Sous ce toit conjugal, le mari n'est pas libre, ne peut prendre une décision quelconque sans au préalable consulter les parents ou conseillers, ou chefs de clans, qui en fait, jouent à peu près le même rôle que les conseillers du roi Assuérus.

ENFANTS ISSUS DE CE COUPLE

Ce sont des enfants qui, à cause de la multiplicité des occupations de leurs parents, qui sont en général, de famille royale ou riche, parents travailleurs, sont éduqués par les nourriciers ou des majordomes ; leurs parents n'ont pas le temps de les encadrés comme il faut, ils laissent la charge aux nourriciers. Ils sont bien éduqués mais il leur manque l'attention, l'affection totale de leur parent. Cela entraîne chez certains enfants le vide, chez d'autres l'impolitesse, l'arrogance, l'orgueil. La Bible déclare dans le

Psaumes 127 (version français courant) « les vrais biens que donne le Seigneur, ce sont les enfants ». Le couple « Assuérus et Vasthi » doit s'efforcer pour avoir des rapports plus rapprochés avec leurs enfants cela est nécessaire pour leur équilibre psychologique, mental.

L'attachement des parents à leurs enfants est comme le parapluie qui leur sert d'abri contre le soleil, la pluie, l'orage, cela crée un sentiment de sécurité profond chez les enfants.

Lorsqu'un enfant se sent trop libre, il développe dans son caractère certaines habitudes qui peuvent soit le détruire soit produire de bonnes ou mauvaises choses en lui. Cela se manifeste dans ses agissements, ses réactions, ses gestes (l'agressivité, l'impolitesse, la violence, la timidité extrême, bégaiement, mélancolie…)

La Bible déclare dans le Psaumes 127 (version français courant) « les vrais biens que donne le Seigneur, ce sont les enfants ». Le couple « Assuerus et Vasthi » doit s'efforcer pour avoir des rapports plus rapprochés avec leurs enfants, cela est nécessaire pour leur équilibre psychologique, mental.

L'attachement des parents à leurs enfants est comme le parapluie qui leur sert de couverture contre le soleil, la pluie, l'orage cela crée un sentiment de sécurité profonde chez les enfants.

Quelques soient les occupations des parents « Assuérus et vasthi », faire à tout prix pour disposer quelques temps à consacrer aux enfants, cela est fondamental.

Beaucoup des parents auront à rendre compte à Dieu pour les enfants que Dieu leur a donné. Moi je me dis à chaque fois que tout parent ne disposant pas le temps pour prendre soin de son enfant est parent « vipère ». Pourquoi ? Une vipère dès qu'il broie l'œuf contenant son bébé, le sort du bébé vipère n'est plus sa préoccupation, elle se sépare carrément de son bébé.

Dans une certaine classe de société de nos jours, cela est devenu comme un luxe d'envoyer son enfant vivre à l'internat ou à l'étranger, faire adopter l'enfant dans une famille quelconque. Les enfants sont les vrais biens que donne le Seigneur, car aujourd'hui tu peux avoir toutes sortes de biens, mais ton subsistera de génération en génération à cause de ta progéniture. Dieu d'Abraham, d'Isaac et Jacob. Les enfants sont en fait des hôtes que Dieu envoie dans nos maisons pour que nous en prenions soin. Une fois j'ai eu à pose la question à un pédiatre sur les enfants : pourquoi certains enfants sont-ils souvent malades ? Il me répondra ainsi « Les enfants qui sont souvent malades sont en réalité des enfants qui ont des soucis et cela entraîne aussi leur mort, dès qu'un enfant sent qu'il est abandonné, ou reçoit moins d'affection, ou s'il a un parent qui le traumatise en grondant souvent sur lui,….Il me dira les enfants sont plus soucieux que les adultes, ils tombent malades et certains perdent la vie.

Il a cité quelques contextes qui font que certains enfants soient si souvent malades (dans la plupart des cas cela est causé par les soucis :

- Les enfants nés des parents trop jeunes et irresponsables
- Les enfants confiés aux mains des autres personnes pour les garder pendant l'absence de leur parent, si les personnes qui font leur garde ne sont pas attentionnés ou affectueux à leur égard, les enfants deviennent soucieux, malheureux mais il leur manque le moyen d'expression pour revendiquer leur mécontentement surtout ceux de bas âge (o-4 ans)
- Les enfants des prostituées : certains sont enfermés à longueur de la journée dans la maison seuls, lorsque les mamans arrivent, elles sont souvent en état d'ivresse, droguées, elles n'ont pas le temps de s'en occuper ; la plupart sont sans affection envers leur enfants, elles crient sur eux, les traumatismes.
- Les enfants maltraités par leurs parents ou autres

- Les enfants orphelins de guerre, des pères et des mères, confiés aux grands parents déjà trop âgés, les enfants nés des parents névrosés, toqués, alcooliques, fous, irresponsables, inconscients, méchants, brutaux. Bref, tous les enfants qui ne reçoivent pas le degré d'affection nécessaire dont ils sont besoin pour leur épanouissement, croissance et équilibre mental.

De nombreux parents paraîtront devant le tribunal de Dieu parce qu'ils ont été incapables de rendre heureux leurs enfants, à cause de leur cupidité, égoïsme, méchanceté, irresponsabilité…

Les enfants sont des talents dont parle la Bible, qu'as-tu fait des talents que Dieu t'a donné ?

CONSEQUENCES SPIRITUELLES

La Bible déclare dans le livre des psaumes 127 : « si Dieu ne garde, celui qui garde, garde en vain, si Dieu ne bâtit, celui qui bâtit, bâtit en vain ».

Nous devons faire appel à Dieu dans notre foyer pour qu'il garde et bâtisse notre foyer. Ce couple a besoin de Jésus comme Seigneur et Sauveur pour connaître la paix, la stabilité, l'harmonie et cesser d'être dirigé, contrôlé par des tierces personnes.

Peut-être que le mari « Assuérus » avait eu à un moment donné dans son cœur banaliser la faute de sa femme « Vasthi » mais il avait été contraint par ceux de son entourage à répudier sa femme. Sa responsabilité a été ravie par ses dominateurs.

Connaître Dieu, c'est la meilleure de choses qui peut arriver dans la vie de quelqu'un ici sur terre. Selon qu'il est écrit dans la Parole de Dieu « c'est le commencement de la sagesse ». Quand on pas Christ on est emporté à tout vent. Le mari « Assuérus » doit se souvenir de son créateur ainsi il sera capable de diriger son foyer.

Courir derrière l'argent c'est bien, mais la Bible déclare que l'homme n'est qu'un souffle qui vient et qui va et le comble ce que nous n'emporte pas nos richesses en mourant, nous peinons en vain et pour le feu. Ce qui est essentiel ici sur terre où nous sommes des passants, connaître Dieu et se réjouir de toutes les opportunités que Dieu nous accorde avant de nous en aller pour l'éternité. Nous devons apprendre à compter nos jours et nous acquérons un cœur sage. Salomon qui était si riche, après avoir goûté aux plaisirs du monde, construit toutes sortes de maisons, planté des verges, a déclaré ceci à la fin « Tout est vanité rien que la vanité ». Dieu doit avoir une grande place dans nos cœurs. En Christ nous avons la vie, celui qui n'a pas Christ n'a pas la vie.

Il est écrit dans le livre psaumes « c'est en vain que vous vous levez tôt, que vous vous couchez tard, le Seigneur en donne autant à ses bien-aimés pendant qu'ils dorment. »

Pourquoi de nos jours les gens s'intéressent moins à Dieu et plus à l'argent ? Dieu donne à ses bien-aimés pendant leur sommeil, par contre ceux-là qui ne laissent pas de place dans leur cœur pour Dieu, mangeront le pain de douleur.

Dieu nous dit dans le livre de Malachie « vous verrez la différence entre ceux qui me servent et ceux qui ne servent pas. Considérons les hautes fonctions qu'exerçaient le roi David, mais il s'arrangeait pour louer Dieu sept fois par jour.

CHAPITRE VI :

COUPLE NABAL ET ABIGAEL

(Fer & argile ou fort & fragile)

I Samuel 25 : 1-42

Daniel 2

Caractéristique

a) Nabal Ps 73 ; I Samuel 25 : 25, 3 b
- Est méchant
- Conflictuel
- Animé de mauvaise foi
- De mauvaise education
- Est insensible
- Violent
- Égoïste
- Avare
- Ivrogne
- Oppresseur
- Païen
- Arrogant

b) Abigaël
- Est plein de bon sens
- Bien éduqué
- Douce
- Patiente
- Vertueuse
- Humble

- Sage
- Elle ne méprise pas les autres
- Elle porte en elle des paroles de grâce
- Inoffensive.

c) Foyer

- Pas uni
- Il ne règne pas de paix
- Pas d'harmonie
- Climat malsain à cause du caractère du mari
- Pas de dialogue

Ici, il s'agit de l'histoire d'un couple qui vivait à Maon mais possédant des biens à Carmel. Le mari se nommait Nabal et la femme Abigaël.

Les deux époux ont des tempéraments à l'opposé : fer et argile, le mari est dur comme le fer et la femme fragile comme l'argile.

Le mari « Nabal » est de nature dur et méchant dans ses actes par contre, Abigaël est une femme de bon sens, douce, tendre.

Les principaux traits de caractère d'un conjoint « Nabal » sont souvent : l'ivrognerie, la dureté et la folie. Il exprime du mépris même envers la chair de sa chair, elle ne représente rien à ses yeux. Par son sale caractère, le mari « Nabal » met tout le monde mal à l'aise : à la maison, au travail bref dans les milieux où il fréquente.

Le conjoint « Nabal » est le genre de personnes qui s'en fout éperdument de ce que les autres peuvent penser de lui, chose drôle, Nabal réussit dans toutes ses entreprises (psaumes 73) et c'est ce qui le rend encore plus arrogant et coriace.

Psaumes 73 : 2-8 Dans ce passage l'auteur Asaph dit qu'il portait envie aux insensés en voyant leur bonheur, et son pied était sur le point de fléchir, vert

9 est clair « Ils élèvent leur bouche jusqu'aux cieux, et leur langue se promène sur la terre ».

Le conjoint « Nabal » n'épargne personne dans son arrogance, l'iniquité sort de leurs entrailles, quand il ouvre la bouche c'est souvent pour rudoyer tous ceux qui l'approche ou qui vivent dans sa maison.

Psaumes 49 : 12 nous dit ceci « ils s'imaginent que leurs maisons seront éternelles, que leurs demeures subsisteront d'âge en âge. C'est le genre de personne qui se prend pour le pic de Mirandole (le plus haut sommet du monde), ils n'ont aucune considération envers les autres, ils sont si sûrs d'eux, ils rejettent les conseils des autres. Imaginez le climat qui règne sous un tel toit, la femme, les enfants et tous les occupants de la maison : les domestiques, neveux, nièces sont frustrés, stressés très fréquemment. Même au niveau de leur lieu de travail, c'est le genre de chef qui est capable de mettre tout le personnel mal à l'aise. La Bible déclare dans le livre des proverbes 17 : 1 « Mieux vaut vivre en paix avec le pain sec que dans une maison pleine de viande avec des querelles. »

En effet, dans un tel foyer, quoiqu'il y a l'abondance, la femme « Abigaël » n'est pas heureuse, elle reste malgré elle souvent à cause des enfants et des conseils des autres (famille, proche, amis, voisins….)

Le conjoint Nabal a une nature conflictuelle, il n'entretient pas de bons rapports avec sa femme ainsi que ceux d'alentour.

Je connaissais une dame « Abigaël » qui avait épousé un mari « Nabal ».

Elle avait tout ce qu'une femme aurait désiré avoir dans la maison mais elle ne faisait que maigrir, tandis quand une personne de la famille ou autre venait séjourner chez eux même pendant deux semaines, il grossissait, mais le jour où elle s'est séparé de son mari, elle a grossi et s'est embelli après quelques semaines de divorce. Cette dame était chosifiée par son mari qui ne voyait en elle qu'une bonne à rien pendant que ceux de son entourage l'appréciait de par sa manière de vivre avec les gens, son caractère.

Les conjoints « Nabal » rejettent les conseils, ils répliquent mal à tous ceux qui essaient de leur montrer le droit chemin proverbes 9 : 7, je les appelle « les messieurs raison », même leur méconduite semble bien à leurs propres yeux, selon qu'il est écrit dans la Parole de Dieu dans Esaïe « ils appellent bien mal et mal bien ».

Voice comment répondent les « Nabal », lisons I Samuel 25 : 1O-11 : « Qui est David ? et qui est le fils d'Isai ? Il y a aujourd'hui beaucoup de serviteurs qui s'échappent d'auprès de leurs maîtres. Et je prendrai mon pain, mon eau, et mon bétail que j'ai tué pour mes tondeurs, et les donnerai à des gens qui sont je ne sais d'où ? ». Dans ce passage, nous constatons combien un mari « Nabal » est arrogant, orgueilleux, avare et insensible à la souffrance des autres. Qu'est-ce que cela pouvait coûter à Nabal de donner quelques aliments à David et à ses gens, cela ne représentait rien par rapport à ses richesses selon qu'il est écrit dans I Samuel 25 : 2 « que cet homme était fort riche, il avait à son compte 3.OOO brebis et 1.OOO chèvres. »

Les conjoints « Nabal » ont toujours la même réponse quand leur femme leur prodiguent les conseils : « qu'est-ce que tu en sais, d'ailleurs toi tu es une demi-demi, tu t'es arrêtée au niveau de bac, moi je suis licencié, quel conseil tu peux me donner ? »

Dans la plupart des cas, les maris « Nabal » sont des païens, occultistes, ivrognes et sans manière, c'est ce qui fait que plus tard, ils finissent par divorcer, ils sont incapables de rendre leurs femmes heureuses, ils les malmènent, les dénigrent, les oppriment…Un jour, j'étais en train d'observer un « Nabal » en train de se plaindre de sa femme pendant que c' était lui le fautif (car il avait l'habitude d'insulter sa femme publiquement) et finalement je me suis demandée si les « Nabal » se donnent aussi la peine de rentrer en eux-mêmes pour reconnaître le mal qu'ils font à leurs femmes, ou soit ils sont fous. Parce que quelqu'un qui se donne quand même la peine de réfléchir sur sa marche, ses actions, il éprouvera quand même des remords et cherchera à se surpasser pour ne plus nuire à sa femme, ses enfants ou autres personnes de son entourage. C'est on dirait comme si les maris « Nabal » n'ont pas la capacité d'éprouver des remords après avoir maltraité les femmes « Abigael ».

Chose drôle, dans la plupart des cas, les « Nabals » ont toujours cette chance-là d'épouser les femmes « Abigael », femme de bon sens mais ils ne réalisent pas la grâce de Dieu dans leur vies.

Luc 15 ans nous parle de l'enfant prodigue, après avoir gaspillé inutilement sa richesse, fait toutes sortes de sottises, il s'est assis, a réfléchi et est revenu de son bon sens en allant s'humilier père, par après il s'est comporté de manière à réparer le mal causé à son père.

Une femme « Abigael » se plaignait chez sa belle-tante de la méchanceté de son mari « Nabal » et à cette dernière de lui répondre : « quand une personne a un sale comportement, elle finit par changer suite aux conseils lui prodigués, si au fil de temps il ne change pas, c'est que c'est un animal, ce n'est pas un être humain, patiente vous n'êtes qu'au début du mariage ».

Les maris ou conjoints « Nabal » sont des fous parce qu'ils ne calculent pas les conséquences de leurs actes, ils cherchent à avoir raison après avoir causé du tort à leur femme. Dans tous les milieux où ils évoluent, ils mettent tout le monde mal à l'aise. J'ai connu un chef « Nabal » dans une grande institution de la RDC, il dirigeait 14O agents, il a au moins une fois à insulter ou blesser chaque agent de son développement, il était haï par tous ses agents, ils le critiquaient à longueur de journée, de par sa méchanceté, sa secrétaire avait été obligée de demander une affectation dans un autre département. Après investigations dans sa vie privée, il s'est avéré qu'il malmenait tellement sa femme qui était une Abigaël, que cette dernière avait l'air d'une vieille personne. Il changeait de chauffeur chaque mois, il y en a même qui abandonnait leur salaire, les sentinelles, ils les changeaient comme les vêtements.

Le numéro de ce foyer « Nabal et Abigaël », terrorise tous ceux de son entourage même sa propre femme. Il n'a pas de relations affectives avec ses enfants, ils sont comme des étrangers à ses yeux. Il exprime son amour envers ses enfants que par des blâmes et des baffles. Il rugit comme un lion dans la maison et c'est tout le monde qui est frustré. Dans la plupart des cas, le parent « Nabal » est souvent surnommé par ses enfants : Django, sheriff, chien méchant, loup garou… Ses enfants ne le respectent pas, ils le craignent.

J'ai entendu un jour avec effroi, le fils d'un parent « Nabal » souhaiter sa mort de tout son cœur. Les enfants issus de ce couple sont frustrés, timides et hypocrites. Dans leur cœur, il y a plein de blessures, ces enfants déversent toute leur affection chez le parent « Abigael » car lui au moins a un bon sens et dialogue avec les enfants.

Il m'est arrivé de voir les enfants d'un parent « Nabal » faire des humours sur sa manière d'insulter, de vociférer, c'était comme dans un théâtre, et les filles et les garçons imitaient tellement bien tous les gestes et sa manière de parler, voire même le cadet qui avait à l'époque 4 ans. Et j'ai remarqué dans le comportement des enfants issus de ce couple, les traits de caractère de leur père mais qui se manifestera pleinement à l'âge adulte. Je crois que ce sont les enfants qu'il faut encadrer sur le plan spirituel et dans la Parole de Dieu.

Les enfants du couple « Nabal » s'empressent de quitter le toit familial très tôt car ils développent en eux une maturité précoce, un esprit de débrouillardise avancée par rapport à leur âge, parce que ne sentant pas heureux dans la maison paternelle. Ce sont des enfants, qui une fois devenus adultes, réussissent plus vite dans la vie pour échapper au climat malsain du toit familial.

Par contre, les filles « Nabal » manifestent deux comportements qui sont :- elles se marient vite pour fuir ce climat malsain dans lequel ils sont vécu dès la sortie du sein maternel, soit elles ont la haine envers tous les hommes et les malmènent en se montrant cupides, infidèles, insupportables et j'en passe (elles vengent leurs mamans en faisant payer cela aux innocents). Ou soit elles restent célibataires à vie par peur de vivre la même chose que leurs mères. Et ces genres de filles, n'ont pas peur des hommes, elles gardent la tête haute devant les hommes, elles sont en compétition avec le sexe masculin ; elles se montrent dures envers les hommes pensant ainsi les maîtriser, elles classent tous les hommes sur un même plancher. J'ai entendu une fille issue d'un couple « nabal et Abigaël » dire ceci « tu sais maman, si moi j'ai la malchance d'épouser un homme qui a le même caractère que papa, après deux semaines tu me suivras à la prison, quand je pense à ce que papa t'a fait j'hésite pour me marier. » voyez jusqu'à quel point le climat qui règne dans un foyer peut affecter toute une vie.

Pour bien expliciter ce que j'ai dit plus haut, je vais vous raconter l'histoire d'un couple « Nabal et Abigaël » que j'ai eu à connaître. Le mari « Nabal » a eu 7 enfants avec sa femme dont six garçons et une fille, cet homme a malmené sa femme pendant une trentaine d'années par sa dureté et sa méchanceté. A cela ajouter qu'il était un coureur des jupons de première classe, et faisait tout pour que sa femme soit au courant. Or les enfants ont gardé une haine éternelle contre le parent « Nabal ». Comme je l'ai souligné plus haut, les enfants grandissant dans ce climat, acquièrent vitre la maturité et l'esprit d'indépendance. L'aîné s'est battu je ne sais par quel moyen s'est retrouvé en Europe. Plus le temps passait, plus le mari Nabal malmenait Abigaël, ce garçon a commencé par faire venir là où il était un par un ses frères puis finalement la cadette. Une fois ensemble, ils se sont enfin concertés pour venger leur maman. Ils ont fait plan selon lequel que la maman devait se rendre à l'étranger pour subir l'opération chirurgicale, le mari « Nabal » resté au pays, a attendu plusieurs mois, sa femme ne revenait toujours pas, il s'est rendu sur place pour récupérer sa femme, c'est en ce moment que les enfants lui cracheront ce qu'ils ont gardé dans leur cœur contre lui et sa femme a déclaré divorce.

La Bible déclare dans le psaume 34 : « quand le malheureux crie, Dieu entend. Voilà de quelle manière Dieu peut récompenser une malheureuse après autant d'années de misère dans le mariage. Le malheur est que l'épouse Abigaël reste malgré elle avec un tel mari, espérant de tout son cœur que l'époux changera. Les Abigaël en général, ne souhaitent pas le divorce, elles préfèrent devenir des martyrs pour préserver le moral des enfants, moi je me dis toujours qu'elles hypothèques leur vie pour préserver le mariage. Elles sont appréciées par tout le monde de par leur nature non problématique, ce sont des bonnes épouses, bonnes mères de famille, elles sont un bon tempérament. Quand nous replongeons dans les écritures, la Bible déclare ceci sur le caractère d'Abigaël, lorsque le serviteur de Nabal s'est approché d'elle pour lui apprendre l'attitude affichée par son maître à David, Abigaël est la femme qui prend le temps d'écouter les autres, elle ne méprise pas les autres, on peut l'approcher facilement. Cette femme ne s'est pas donné la peine de parler à son mari car il n'allait pas l'écouter, elle a pris comme option de sauver sa maisonnée en prenant l'initiative elle-même d'aller à la rencontre de David, avec des paroles de grâce, elle est parvenue à apaiser sa colère. La femme « Abigaël » n'est pas heureuse dans son mariage I Samuel 25 : 31 b « Abigaël s'adressant à David, et lorsque l'Eternel aura fait du bien à mon seigneur, souviens-toi de ta servante » ce passage démontre clairement, elle se plaint de son mari, elle en profite pour l'accuser indirectement chez David, croyez-vous qu'une femme qui aime son mari et qui est vraiment heureuse, peut introduire une telle demande au préalable à un autre homme, c'est en fait une plainte. C'est pour cette raison que lorsque David a appris la mort de Nabal, il s'est souvenu tout de suite de la demande d'Abigaël et l'a épousé, voilà comment Dieu récompense les femmes Abigaël parce qu'elles ont quand même droit au bonheur, elles ne sont pas venues au monde pour subir la dureté des maris « Nabal » .Le mari « Nabal » a l'habitude de blesser par des paroles méchantes, tous ceux de son entourage et cela provoque un climat conflictuel qui engendre les querelles dont la femme et les enfants subissent les conséquences, cette famille est haï par les gens du quartier, les enfants rompent leurs amitiés à cause du caractère de leur père.

Il y avait une femme « Abigaël » qui avait épousé un mari « Nabal » qui lui répétait la même chose en étant d'ivresse pendant des années : « toi, tu n'as pas encore souffert, tu n'es qu'au début de tes souffrances, jusqu'à ce que tu vas craquer, tu partiras de cette maison de toi-même. Ce méchant mari se saoulait au moins 4 fois par semaine et surtout le vendredi là c'était spécial, il insultait sa femme et la brutalisait, quand cette dernière lui demandait de l'argent, il se mettait à l'injurier et parfois aussi les enfants. Certains jours, c'était le tout de la bonne, du domestique, petit frère ou nièce, ou voisin… quand il tournait le dos c'était pour s'endormir et le lendemain la même scène se reproduisait.

Un adage en RDC dit ceci « si quelqu'un a l'habitude de t'insulter seulement quand il est en état d'ivresse, ce qu'il le prémédite dans son cœur depuis toujours et manque de courage pour le faire hors d'état d'ivresse».

Le mal est doux au palais du mari « Nabal », ce qu'il cause comme blessures intérieures à sa femme, enfants et autres se trouvant sous son toit, ne le touche nullement. Le conjoint « Nabal » est comme ce que déclare la Bible dans le livre des psaumes « le serpent est sourd à la musique de la flûte, même celle jouée par le plus expert des joueurs des flûtes », il a un cœur insensible comme la graisse, il a le cou raide.

De la même manière que Nabal a été frappé par Dieu à cause de sa méchanceté, les époux « Nabal » en général meurent brusquement et prématurément, car en réalité, ils foulent la grâce de Dieu aux pieds en malmenant la chair de leur chair, l'os de leur os, chose drôle, les conjoints « Nabal » ont toujours la grâce d'épouser les femmes « Abigaël », qui de nature sont inoffensives, elles ne feront même pas du mal à une mouche.

Ce type de mariage, il n'y a que deux alternatives : mort du conjoint « Nabal » ou divorce. Je vais souligner ici un point très important, le Saint Esprit a attiré mon attention sur le sort de conjoint nabal, lorsqu'ils se retrouvent célibataires ou divorcés, deviennent instables, ils changent les femmes comme des vêtements. Ils deviennent aigris à la fin de leur vie. Il faut les écouter parfois lorsqu'ils se plaignent, ils vont de divorce en divorce, ce sont des avocats-nés, ils savent si bien se défendre, il leur faut Christ.

Lorsque Dieu a prononcé sa sentence contre « Nabal », il n'a eu aucune compassion pour lui, car ses péchés sont arrivés à leur terme.

Je connaissais aussi une amie qui avait pour conjoint un « Nabal » qui était de la race pure des méchants. Il l'avait tellement maltraitée, deux fois, il l'a fait avorter en lui donnant des coups dans le bas ventre. Combien des pasteurs, ses amis n'avaient pas intervenu pour lui prodiguer des conseils mais en vain. Et finalement, ils se sont séparés pendant 2 ou 3 ans, le mari « Nabal » de son côté n'a pas trouvé qui a supporté son sale caractère. Il a bien réfléchi, il s'est fait chrétien de circonstance dans l'assemblée où priait sa femme « Abigaël », but la récupérer, chose faite, puisque Dieu est celui qui sonde le cœur et les reins, a lu ses intentions, il l'a tué et il est mort brusquement. Le conjoint « Nabal » a pour sale habitude de chasser sa femme à moindre dispute, il l'humilie en lui faisant faire des va-et-vient.

Dans la plupart des cas, Dieu pour panser le cœur des conjoints « Abigaël », il les récompenser à leur faisant épouser les hommes selon le cœur de Dieu comme ce fut le cas avec Abigaël. Selon qu'il est écrit dans le livre des psaumes 102 : 20 « Dieu vit dans les lieux très hauts mais du haut des cieux, il écoute les gémissements des malheureux, les cris des captifs pour les délivrer. » Toute personne qui gémit au fonds de lui-même, des larmes mêlées de sang coulent dans son cœur, Dieu les voit et les exauce. Luc 4 : 17 ; Esaïe 61 : 1-2. Tous les conjoints qui malmènent leurs compagnes sont sous la colère du Très Haut.

Les conjoints « Abigaël » sont des servants ou serviteurs de Dieu, et la Bible dit ceci « Jérusalem, tu as dû souffrir l'humiliation et même deux fois plutôt qu'une, c'est pour cela en compensation, je te dédommagerai par le double des bienfaits. »

Les enfants issus de ce couple

Ils sont pour la plupart frustrés à cause de la dureté du caractère du parent « Nabal » qui les rudoient, les grondent sans motif valable, les insultent, les épouvante par ses rugissements, sa dictature. Ils sont également frustrés à cause du mauvais traitement infligé à leur mère « Abigaël » par « Nabal », de la disharmonie dans le toit conjugal, de l'alcoolisme du parent « Nabal, sa violence, son arrogance, son comportement indigne. Ces enfants vivent dans une peur perpétuelle du parent « Nabal » qui rugit comme un lion sur le parent « Abigaël » et sur les enfants quand il se met en colère.

Dans ce cas précis, les enfants se rangent carrément du côté du parent « Abigaël », ils forment un bloc et se défendent contre le parent « Nabal » qui, pour la plupart des temps vaque à ses occupations et après le travail, il a l'habitude de noyer dans l'alcool pour en ressortir parfumé, et déverser son ivresse sur les innocents et non sur ceux qui se saoulent avec lui.

Suite à ce climat malsain dans la case familiale, les enfants vont adapter chacun son attitude :

- Certains enfants vont devenir tout d'un coup timides, rancuniers, renfermés, méfiants vis-à-vis des parents, amis et connaissances, ils raisonnent beaucoup et gardent leur conclusion pour eux-mêmes
- D'autres enfants deviennent des humouristes, moqueurs, provocateurs, clowns (vont se mettre à imiter les gestes du parent Nabal ») mais au fond d'eux ils sont malheureux, quand ils sont seuls, ils ont une mine triste, en fait, ils cachent leurs déceptions en affichant toutes ces attitudes citées ci-haut
- D'autres deviennent plus matures précocement et prennent toutes sortes d'initiative pour quitter le toit familial et vivre leur liberté
- D'autres sont neutres, sans position, ils ne sont ni pour le parent « Nabal », ni pour le parent « Abigaël », ils acceptent la circonstance de cette vie familiale et s'adaptent. Mais dans la plupart des cas, ces enfants une fois adultes, développent des nouvelles attitudes dans leur comportement, ils sont stricts, durs de caractère. La plupart des alcooliques proviennent de ce genre de foyer.

CONSEQUENCES SPIRITUELLES

Toute personne qui se retrouve dans cette sorte de mariage, doit beaucoup se confier en l'Eternel selon qu'il est écrit « Dieu siège sur son trône en juste juge ». Elle ne doit surtout pas vivre dans le ressentiment, cela la rendra méchante.

Il existe des femmes « Abigaël » qui ont été mal conseillée et ont trouvé comme solution assassiner leur conjoint ou soit se mettre à se méconduire en commettant l'infidélité. Toute solution nous devons la trouver en Christ. Il est écrit : « Dieu écoute le cri du pauvre et du malheureux, quand le pauvre cri, Dieu entend. Par malheureux selon la Bible « toute personne qui pleurniche du fonds de son cœur, qui a essayé de trouver la solution par lui-même, chez ses semblables mais en vain, des torrents des larmes coulent de son cœur qui crie à chaque instant dans le silence. Elle ne se réjouit pas de la vie comme elle l'avait souhaité, elle est comme une prisonnière accablée.

Je suggère aux « Abigaël » d'attendre en silence et avec fermeté dans la foi en Christ la délivrance de l'Eternel, car le livre des psaumes 68 déclare « quand on nous accable, Dieu nous délivre, Dieu est pour nous un Dieu de délivrance ». Si le roi David à l'époque, avait répandu le sang dans la maison de Nabal, plus tard cela allait compromettre sa carrière politique.

Toutes les personnes qui régalent en malmenant leurs conjoints ou conjointes, finiront tôt ou tard par être punis par Dieu.

Le mari « Nabal » a été surpris par Dieu au jour de son châtiment et est mort sans avoir eu le temps de réfléchir selon psaumes 73 : « Dieu met les méchant sur un pente glissante, une ruine soudaine s'abat sur eux », dans ce foyer, Dieu finit par intervenir entant que le Juste Juge.

Pendant qu'un conjoint ou conjointe « Abigaël » souffre entre les mains d'un ou une « Nabal », Dieu dans sa souveraineté, prépare soit une ou un « David » pour les dédommager doublement.

Un jour, après m'être plainte auprès d'un pasteur pour tout ce que j'endurais dans mon ménage, il me dira ceci : ma sœur, vous savez, dans ce monde, il y a des hommes qui sont en réalité des petits diables capables de changer la destinée de votre vie ». Cela est d'autant vrai parce qu'un ou une « Nabal » te fera tellement souffrir que tu verras toute ta destinée changer et s'écrouler, et tu commences à dire pourquoi j'ai été crée, si tu ne prends garde, tu risques d'emprunte le chemin de la mort.

Les « Nabal » empêchent les « Abigaël » d'évoluer spirituellement, or le blocage sur le plan spirituel, a des répercussions fâcheuses sur le plan physique et psychique.

Il arrive que certaines personnes appartenant à la race des abigaëls, de mourir à cause des soucis, certaines changent leur nature en se livrant à l'alcool, aux drogues, d'autres se suicident carrément.

Moi, je me dis toujours que Dieu est souverain parce qu'il a couvert de chair le cœur de tout homme, car si cela était laissé à découvert comme les yeux, les « nabal » allaient vivre hors de la ville c'est-à-dire loin des autres, ils resteraient les célibataires à vie.

Voici le remède pour toute personne qui se retrouve dans ce type de mariage : Esaie 57 : 15 « Car ainsi parle le Très Haut, dont la demeure est éternelle et dont le Nom est SAINT ; j'habite dans les lieux élevés et dans la sainteté. Mais je suis avec l'homme humilié, contrit, pour ranimer les esprits humiliés, pour ranimer les cœurs contrits ». Dans la version français courant « Je suis plus haut que tout, mais je suis avec les accablés, je suis avec les humiliés, je rends la vie aux accablés, je rends la vie aux humiliés. » Toute personne qui se retrouve sous ce toit doit recevoir Jésus Christ comme Seigneur et Sauveur, car il est le Chemin, la Vérité et la Vie. I Pierre 5 : 7 ; psaumes 37 : 5.

Il faut passer sa vie avec celui ou celle qui ne sera pas une occasion de chuter permanente, cela entraîne une mort lente et sûre, c'est comme une carie dans les os, tôt ou tard l'effet sera manifeste dans notre physique. La Bible dit « Un esprit abattu qui le relèvera ?, celui qui a l'esprit abattu aura ses os desséchés. », la nourriture quotidienne dans ce mariage sera la blessure intérieure.

CHAPITRE VII:

LE MARIAGE ENTRE PAIEN & UNE CHRETIENNE

Esther 2 : 16-18

« Esther fut conduite auprès du roi Assuérus, dans sa maison royale, le dixième mois, qui le mois de Tébeth, la septième année de son règne. Le roi aima Esther plus que toutes les autres femmes, et elle obtint grâce et faveur devant lui plus que toutes les autres jeunes filles. Il mit la couronne royale sur sa tête, et la fit reine à la place de Vasthi. Le roi donna un grand festin à tous ses princes et à ses serviteurs, un festin à l'honneur d'Esther, il accorda du repos aux provinces, et fit des présents avec une libéralité royale. »

Caractéristiques

a)   Le conjoint

-       Une haute autorité

-       Païen

-       Amoureux de sa femme

-       Généreux

-       Mondain

-       Aimant le vin, la joie

- Aimable

- Respecte sa femme

- Prêt à accéder aux désirs de son épouse

- A accepter sa femme avec sa religion

b) Esther

- Connaît Dieu

- Douce

- Respectueux envers son mari et les autres

- Obéissante

- A la faveur et la grâce de Dieu
- De bonne éducation
- Soumise
- Bon tempérament
- Humble

  c) Foyer
- Harmonie parfaite
- Y règne l'amour
- Y règne la paix
- Entente parfaite
- Il y a le dialogue Esther 5 :3 ;6

Dans ce passage il s'agit d'un mariage entre un païen et une chrétienne (croyante), et pas n'importe quelle croyante, une juive peuple élu de Dieu. Le mariage, c'est le domaine de Dieu. Il sait pourquoi il permet certaines unions conjugales.

Dans ce mariage, nous constatons que ce conjoint bien qu'il soit roi, n'est pas un mari dictateur, c'est un mari doux et qui aime sincèrement sa femme (Esther 2 : 17) : le roi aima Esther plus que toutes les autres femmes et elle obtint grâce et faveur devant lui que toutes les autres jeunes filles. Il mit la couronne royale sur sa tête.

Un mari qui n'hésite pas pour honorer sa femme aux yeux de tous en la choisissant parmi des centaines des filles. L'un des signes de l'amour d'un conjoint envers sa femme premièrement est le respect (considération), ceci consiste à la choisir parmi plusieurs femmes et de décider de la présenter à tous en donnant un grand festin à sa famille, belle-famille et connaissance en l'honneur de la femme qu'on aime ; le deuxième signe de l'amour profond d'un homme envers celle qu'il élue est la considération envers la personne de sa conjointe Esther 5 : 2 « lorsque le roi vit la reine Esther debout dans la cour, elle trouva grâce à ses yeux ; et le roi tendit à Esther le sceptre d'or qu'il tenait à la main. Esther s'approcha, et toucha le bout de sceptre. Quand un conjoint inspire de la peur à sa compagne, c'est un signe d'alarme de manque d'amour et de considération ; le troisième signe de l'amour du conjoint envers son épouse c'est le respect c'est-à-dire les désirs de sa femme doivent être une grande préoccupation pour lui, il doit à tout prix répondre aux attentes de son épouse. Esther 5 : 3-5, dans ce passage, quand nous considérons attentivement les paroles du conjoint « Assuérus », nous lisons un amour sincère et profonds envers l'épouse « Esther », il est généreux envers sa femme car il est prêt à diviser son royaume qui s'étendait de l'Inde à l'Ethiopie en deux pour accorder à celle qu'il aime. Car la Bible déclare que les deux ne formeront qu'une seule chair. Et dire qu'il existe des conjoints qui cachent même leur salaire à leur femme. C'est un mauvais signe quand un conjoint se fait avare envers sa femme. Le quatrième signe de l'amour c'est l'attention, Assuérus est un mari attentionné car en voyant Esther s'approcher de son trône sans être appelé, il a compris directement qu'il y a quelque chose qui ne va pas, son manque d'attention allait peut être la condamner à mort.

Le conjoint « Assuérus » travaille pour le bonheur de son épouse, il fait à ce qu'elle ne manque de rien et est prêt à la défendre pour n'importe quel prix.

La Bible déclare dans livre de corinthiens « la prière du conjoint chrétien sanctifie le conjoint païen. Moi je sui persuadée que tous ceux de nos frères qui condamnent les sœurs et frères qui ont épousé les païens. C'est plutôt dangereux pour un chrétien ou une chrétienne d'épouser un méchant ou une méchante.

Le mariage, c'est le domaine de Dieu. Car ceux que la Bible appelle méchant, c'est un envoyé satanique et il combat Dieu. Exemple un conjoint Jezabel, Delila, Nabal... Ce que beaucoup ignorent, on peut aujourd'hui épouser un mari « croyant » et qui par la suite devient un adorateur des idoles, la force de la séduction frappe les chrétiens, plusieurs de nos jours se détournent de la voie de Dieu pour suivre la mauvaise voie. Comme dirait une de mes sœurs à qui j'ai dit : toi, fais un effort pour épouser un chrétien, moi j'ai épousé un païen, regarde comment je souffre et elle me répondra ceci : épouser un chrétien ce n'est pas nécessairement la garantie d'un bonheur assuré, car si jamais il perd l'onction ou qu'il se détourne de Dieu, il serait pire qu'un païen. C'est pour cette raison que j'ai dit tout au début de mon bouquin qu'avant de se marier, il faut l'avis et l'aval de Dieu car il révèle ce qui est profond et caché, il connaît ce qu'il y a dans les ténèbres et la lumière est avec lui. Il faut se référer à lui seul.

Le mariage c'est le domaine de Dieu. Assuérus quoique païen n'a pas obligé sa femme à devenir païenne comme lui, il lui a laissé libre choix. Bien au contraire, même lorsqu'il a découvert que sa femme, appartenait à un peuple à part, il lui a prêté main forte à l'aidant à anéantir les ennemis des juifs. Le mari « Assuérus » est celui qui honore et défend aussi sa belle-famille Esther 6 : 1O, il n'hésite pas à condamner l'ennemi de sa femme Hamann. Quoique païen, il a défendu la religion de sa femme en écrivant des édits en faveur de tous les juifs. Personne ici-bas n'a demandé à être païen pour qu'on se mette nous les chrétiens à les dédaigner, nous devenons tous chrétiens par la grâce de Dieu.

Ce que nous peuple de Dieu nous oublions, n'est-ce pas quand les gagneurs d'âmes sortent c'est vers les païens qu'ils se dirigent pour remplir les églises, pourquoi ne se dirigent-ils pas vers les loges sataniques ? Car les païens se laissent approcher et gagner à Christ.

Dieu fait toute chose pour un but. Il n'y a pas de hasard chez Dieu, la Bible déclare dans le livre des proverbes 30 : 19 d « et la trace de l'homme chez la femme ». Le mari « Assuérus » quoique païen, n'était ni méchant ni mal intentionné envers sa femme. Comme un serviteur de Dieu en RDC l'a dit : dans tout milieu, il existe 3 catégories de personnes : les chrétiens, les païens et les méchants.

Quand c'est Dieu qui l'union de deux personnes, il n'y a pas question de divorce.

L'épouse « Esther » est celle qui connaît Dieu et qui met en pratique la loi de son Dieu. Elle est bien élevée, de bonne éducation, obéissante à ses parents et à son mari. Elle a un bon tempérament, elle plaît à son mari ainsi qu'à tous ceux de son entourage. Esther 2 : 15 ; 17

L'épouse « Esther » c'est celle qui rend la vie agréable à ceux de son entourage, tout le monde l'apprécie, l'admire, l'aime. De par son caractère, avant même son mariage, elle était aimée ou adoptait par tous ceux qui l'approchent. Elle est d'une telle humilité, qu'elle trouve grâce et faveur dans tout milieu où elle demeure (famille, eunuque, maison royale).

Epouse « Esther » est le genre de personne qui apporte la paix, la joie, l'équilibre dans le toit conjugal, les enfants sont à l'aise, le personnel, surtout le mari.

La femme « Esther » est celle qui se confie tout d'abord à son Créateur avant de dire quoique ce soit à son mari. Elle craint vraiment Dieu. Car lorsqu'on est venu lui annoncer la nouvelle selon laquelle son peuple était voué à la disparition pour le massacre, elle ne s'est pas précipité chez le roi, elle s'est jeté aux pieds du Roi des rois, celui dont le livre de proverbes 21 : 1 dit ceci : que le cœur le cœur du roi est comme un courant d'eau entre les mains de l'Eternel et l'incline là où il veut », qui a le pouvoir d'incliner le cœur du roi Assuérus à défendre sa femme ainsi que son peuple ? Je vais ouvrir ici une parenthèse, la plupart des femmes mariées commettent cette grave erreur, elles mettent leur mari à la place de Dieu, elles les prennent pour Dieu, elles oublient que si Dieu n'incline pas le cœur de leur mari vers leurs désirs, elles risquent de ne pas être secourus. Un mari est un humain, il ne peut résoudre tous les problèmes de sa femme, il est limité.

Esther est une femme sage, elle a commencé par répandre son âme à Dieu en jeûnant pendant 3 jours, et Dieu à son tour l'a exaucé en augmentant la dose d'amour dans le cœur du mari Assuérus qui n'a pas hésité à proposer la moitié de son royaume à Esther et aussi à mettre la mort son premier ministre Hamann. La Bible déclare dans le livre d'Esaïe que Dieu est le premier et le dernier c'est-à-dire quand tu lui confie ton problème, il le résout du début jusqu'à la fin, il ne s'arrêtera pas en cours de route. La femme « Esther » est celle qui se prépare spirituellement et de pare de beaux vêtements avant de se présenter devant son mari pour lui poser ses problèmes ; elle commence d'abord par se ressourcer auprès de Dieu, pour être couverte de sa grâce et de ses faveurs, ce qui lui facilite les choses auprès du mari « Assuérus ».

Quand le mari « Assuérus » est vraiment amoureux, il ne cache pas ses richesses, il prêt à les partager fifty-fifty à son épouse « Esther ». L'épouse de par sa nature, n'est pas cupide, elle se contente de ce qui lui est donné par son mari. Elle se bat ou s'arrange pour trouver grâce aux yeux de son mari, elle évite de l'énerver ou d'aller à l'encontre de ses ordres.

Le mari « Assuérus » quoique païen était bienveillant envers son épouse, il a résolu le problème de sa femme jusqu'à la fin. La joie dans le mariage, dépend de la disposition du cœur du mari, si le mari aime sincèrement sa femme, il la mettra à l'aise du début jusqu'à la fin de leur vie, le contraire fait que la femme soit malheureuse, la méchanceté de tout homme envers sa femme, terrorise la femme car elle est faible physiquement par rapport à l'homme.

Le mariage entre un païen et une chrétienne n'est possible s'ils s'entendent et se consentent de demeure ensemble.

I Corinthiens 6 : 12 « aux autres, ce n'est pas le Seigneur, c'est moi qui dis si un frère a une femme non croyante, et qu'elle consente à habiter avec lui, qu'il ne la répudie point ; si une femme a un mari non croyant, et qu'il consente à habiter avec elle, qu'elle ne répudie point son mari, car le mari non croyant est sanctifié par la prière ; autrement, vos enfants seraient impurs, tandis maintenant ils sont saints.

Donc par ce passage, nous concluons que l'union entre un chrétien et non croyant est possible à partir du moment où il y a harmonie parfaite et consentement.

CONSEQUENCES SUR LE PLAN SPIRITUEL

Conjoint « Esther » est celui qui demeure sur la voie de la justice et s'y accroche jusqu'au bout. Pour toute chose, se référer toujours à Dieu. L'attachement à Dieu est primordial pour demeurer sur la voie de la justice, notre confiance envers Dieu doit rester inébranlable. Ne nous laissons pas emporter à tout vent de doctrine, demeurer dans la voie de son Dieu. Tant que notre conjoint ou conjointe ne constituera pas un obstacle à notre vie chrétienne, nous pouvons demeurer ensemble, tandis que quand notre conjoint devient comme une grande montagne sur notre voie de la justice, demandons à Dieu d'intervenir afin de nous permettre de continuer notre chemin avec Dieu. Chacun rendra compte à Dieu pour ce qu'il a fait de sa vie, ne nous mettons jamais à adorer notre conjoint comme un dieu, d'abord Dieu et le reste après, suivons l'exemple d'Esther, malgré son élévation, elle a continué à mettre Dieu au premier plan, car Il est le maître de tout, le Dieu de toute la terre. Nombreux sont les mariés qui privilégient l'union conjugale par rapport à Dieu. Ils cessent d'aller à l'église, ils transforment leurs conjoints, les richesses en idoles oubliant complément leur créateur.

Quel que soit le milieu dans lequel un chrétien évolue : professionnel, familial, belle-famille, amical ; il doit à tout prix garder son identité en tant que chrétien et tout son entourage sache qu'il est d'origine chrétienne.

Quand nous lisons dans livre de Daniel, la Bible déclare que Daniel était parmi les 12O satrapes mais il les dépassait tous parce qu'il avait un esprit supérieur, il a affiché son identité en tant que chrétien parce que lorsque ses ennemis ont voulu trouver une accusation contre lui dans le cadre de ses attributions, ils ont échoué car Daniel a prouvé une fois de plus qu'il marchait selon la loi de son Dieu, ils ont cherché dans là loi de son Dieu, mais le mal qu'ils ont médité contre Daniel est retombé sur leur propre tête.

C'est aussi la même procédure pour tout chrétien ou chrétienne qui se retrouve marié à un païen ou une païenne, s'accrocher à la loi de son Dieu jusqu'au bout, il ne doit pas se laisser influencer par l'autre de peur de perdre son Dieu. Il doit se conduire de manière à ce que son Dieu ne soit pas dédaigné comme Daniel et lorsque les problèmes, les menaces, surgiront, Dieu va le défendre contre ses ennemis. Sinon à quoi sert-il de commencer dans la voie de la justice pour terminer sa course dans la voie de l'injustice et cela à cause du mariage. Pour la jouissance de l'homme, Dieu a jugé bon d'instituer le mariage, c'est un accessoire, ce qui compte pour chaque être humain c'est où irai-je après la mort ? Dans la géhenne de feu ou au paradis ?

CONCLUSION GENERALE

(psaumes 107 : 1-35)

Tout mariage raté est comme un désert sans chemin psaumes 107 : 40 b « les fait-il errer dans le désert sans chemin ? », l'âme du conjoint ou conjointe malheureux dans le foyer languit chaque jour. Un mariage heureux (ou réussi) est une ville habitable, l'âme de deux conjoints est satisfaite, altérée et comblée par l'Eternel.

La victime dans le mariage est celle qui est malmenée par l'autre, son cœur crie à l'Eternel. Les psaumes 1O1 : 1-35 résume en fait les catégories de mariage dans lequel nous pouvons nous retrouver ainsi que leurs conséquences dans nos vies :

1. Mariage des chrétiens (ou personnes) qui se marient hors de la volonté de Dieu (par convoitise de la chair, cupidité, luxure, par influence familiale, par intérêt...) : toute personne qui se retrouve dans cette sorte de mariage irrite Dieu et Dieu fait souffler la tempête contre ce toit conjugal, conséquence : notre âme sera éperdue, nous serons saisis de vertige à cause de tous les malheurs qui vont jaillir sur nous, nous arriverons à un moment donné où nous serons déprimés, ne réfléchissant plus car submergés par des problèmes sans solution, cela risque aussi de nous entraîner à la mort.

2. Mariage raté : psaumes 107 : 4-5 les deux conjoints ressemblent aux gens qui errent dans le désert, malgré tout ce qu'ils peuvent fournir comme effort, il n'y aura pas de paix, les âmes seront languissantes jour pour jour, mois pour mois, année par année. Nous ne parviendrons jamais à trouver une solution adéquate qui peut aider à devenir heureux. Nous sommes comme Jonas qui quitta le chemin tracé par Dieu pour Tarsis, Dieu a fait souffler un vent impétueux contre le bateau, ils innocents allaient y passer jusqu'à ce qu'il a

demandé le secours et a réfléchi comme l'enfant prodigue en revenant sur ses pas la tempête a cessé.

3. Le mariage avec un conjoint méchant ou une conjointe méchante Psaumes 1O7 : 1O-12 « ceux qui avaient pour demeure les ténèbres et l'ombre de la mort vivaient captifs dans la misère et dans les chaînes, parce qu'ils s'étaient révoltés contre les paroles de Dieu, parce qu'ils avaient méprisé le conseil du Très Haut. Il humilia leur cœur par la souffrance ; ils succombèrent et personne ne les secourut » ; il est aussi écrit dans le livre des proverbes.... »une femme méchante est comme les caries dans les os de son mari »: ce foyer est en réalité une demeure des ténèbres et de l'ombre de la mort, nous serons les prisonniers accablés et liés dans les chaînes, nous souffrirons moralement et physiquement, incapables de prendre la décision de partir car enchaînés par les liens de la mort, les liens du sépulcre, envahis de temps à autre par les torrents de la destruction et les filets de la mort. (psaumes 18 : 5-7). Combien des personnes ici-bas n'ont-elles pas été entraînées dans la fosse à cause des soucis causés par leur conjoint. L'esprit abattu nous fait approcher près des portes de la mort.

4. Mariage heureux : ressemble au droit chemin, à une ville habitable où il fait bon de vivre, les conjoints accostent au port désiré, l'âme satisfaite, comblée.

Psaumes 107 : 35 « Il change le désert en étang et la terre aride en source d'eau », quelques soient le type de mariage dans lequel on se retrouve, les détresses, la solution ne peut provenir que de l'Eternel des armées. Seul Dieu est capable de changer la situation de notre vie, il écoute toute personne qui crie à lui dans la détresse car la Bible déclare ceci « Dieu étend ses compassions sur toutes ses créatures.

Nous allons à présent parler du véritable mariage.

CHAPITRE VIII:
MARIAGE ENTRE DIEU ET ISRAEL

Esaïe 54 : 5 « **Car ton Créateur est ton époux ; l'Eternel des armées est son nom ; et ton rédempteur est le Saint d'Israël : Il se nomme Dieu de toute la terre** ». Le meilleur mariage qui puisse exister c'est celui-ci « Dieu et Israël » ou Dieu et l'Eglise Corps de Christ ». Israël est le peuple que Dieu a mis à part pour sa gloire, consacré dès l'origine.

Toute personne en alliance avec Dieu est appelée Israël. Aussi longtemps que nous serons en alliance avec Dieu, il tiendra toutes choses entre ses mains. La Bible déclare dans le livre des psaumes « Dieu promène ses regards sur la terre entière pour soutenir ceux qui sont à lui ». Dans le mariage avec Dieu, il nous soutient en toutes choses, il veille sur nous Job 1 : « **Dieu protégeait Job de toutes parts comme par une clôture ainsi que tous ses biens** ». Quand nous sommes en alliance avec Dieu, il nous garantit de la mort psaumes 68 : 21 b « Et l'Eternel, le Seigneur, peut nous garantir de la mort ». Dans l'accablement, il nous délivre psaumes 68 : 2O b « **quand on nous accable, Dieu nous délivre** ». Il existe tellement des avantages en faveur de tous ceux qui sont en alliance avec l'Eternel que je ne saurai les écrire tous. Abraham était en alliance avec Dieu, lorsque Pharaon lui a arraché sa femme Sarah, Dieu lui-même a menacé Pharaon et ce dernier a rendu la femme de son serviteur avec tremblement.

Je me dis toujours que le mariage entre un homme et une femme est en fait l'ombre du véritable mariage à venir entre Dieu et son peuple à savoir le Grand Epoux et l'Epouse (Eglise Corps de Christ). Ce mariage est au départ individuel et pour finir collectif. L'alliance entre un croyant et Dieu est au départ personnel pour ensuite devenir collectif.

Je prends un exemple sur le plan naturel : toutes les rivières c'est Dieu qui les a créées , il a tracé des limites pour chaque rivière et un chemin et à la fin toutes les rivières finissent par se rencontrer pour former une grande et une seule rivière pour ensuite se jeter soient dans un fleuve ou une mer Jean 17 : 22 : « **je leur ai donné la gloire que tu m'as donnée, afin qu'ils soient un comme nous sommes un, moi en eux et toi en moi afin qu'ils soient parfaitement un. »**

Dieu trace un chemin pour chacun de ses enfants, il définit les termes de l'alliance avec tout un chacun, la finalité c'est pour les conduire tous vers Un Seul Chemin selon qu'il est écrit : Jésus-Christ est le Chemin, la vérité et la vie » pour qu'ils forment tous un seul corps qui est L'EGLISE CORPS DE CHRIST. Jean 15 : 5 « Je suis le vrai cep. Vous êtes les sarments. Celui qui demeure en moi et en qui je demeure porte beaucoup de fruits, car sans moi vous ne pouvez rien faire. ». Dieu se révèle à chacun de ses enfants selon le dessein qu'il a conçu pour tout un chacun, mais dans tout ceci il leur parle à tous par un seul moyen « sa Parole ».

Dieu ne peut jamais se révéler à quelqu'un en dehors de Sa Parole. Rien qu'une phrase de Dieu adressée à l'un de ses enfants, peut bouleverser la vie de ce dernier et aussi l'humanité toute entière. Il est écrit « Il est celui qui dit une chose et la chose arrive. »
Lorsque nous sommes en alliance avec Dieu, il tient toutes choses entre ses mains. Aussi longtemps que nous serons en alliance avec Dieu, il tiendra toutes choses entre ses mains, quelles que soient les circonstances, il prouvera toujours qu'il est avec nous, car la Bible déclare dans le livre des psaumes : Que sa fidélité est notre bouclier protecteur ».

La condition requise pour mériter de demeurer dans cette alliance (la tente de Dieu) est le livre des Psaumes 15 : 1-2 « **O Eternel ! Qui séjournera dans ta tente ? Qui demeurera sur ta montagne sainte ? Celui qui marche dans l'intégrité, qui pratique la justice et qui dit la vérité selon son cœur** ». Si nous voulons demeurer sous le toit de l'Eternel, devant sa présence, pour qu'il nous défende et soit vraiment pour nous enfants de Dieu un époux, nous devons absolument marcher dans la droiture de cœur, mettre en pratique la loi de l'Eternel et que nos paroles ne soient pas autre chose que les pensées de notre cœur.

Le grand Epoux est Celui qui perce les secrets les plus profonds de notre cœur, si nous nous mettons à mentir de notre bouche et que dans notre cœur nous pensons autrement, notre relation avec lui ne sera pas bonne. Lorsque nous parcourons les écritures, nous découvrons que tous ceux qui étaient en alliance avec Dieu, avec sincérité du cœur, ont vécu jusqu'à la fin de leur vie avec Dieu. Exemple Abraham, David…

La Bible déclare dans le livre des Psaumes 17 : 2 « **Que ma justice paraisse devant ta face, que tes yeux contemplent mon intégrité : Si tu sondes mon cœur, si tu le visites la nuit, si tu m'éprouves, tu ne trouveras rien : ma pensée n'est pas autre que ce qui sort de ma bouche** ». Le Grand Epoux exige de nous la sincérité du cœur, si nous lui déclarons que nous l'aimons, il faut que cela vienne du cœur. Il est le genre d'Epoux qui exige que la vérité soit au fond du cœur, car Il a la capacité et le pouvoir de le voir. Il hait le cœur double. Il est prêt à détruire, à anéantir nos ennemis dès qu'Il voit en nous la sincérité, nous ne pouvons le tromper. La différence entre le Grand Epoux et les époux humains est que les époux humains sont limités, ils ne peuvent lire dans le cœur de leurs épouses, elles peuvent les tromper tandis que le Grand Epoux lit nos pensées, nous ne pouvons le tromper. Soit nous sommes vraiment sincères et dans la voie droite soit nous ne le sommes pas.

Il est prêt à nous accorder tout ce dont nous avons besoin quand il voit en nous la sincérité du cœur. C'est le genre d'Epoux qui ne se fie pas à l'apparence mais qui lit plutôt les desseins de notre cœur. Lorsqu'il constate notre fidélité au travers notre cœur, c'est ce qui compte pour lui. L'infidélité envers Dieu dont la Bible fait mention dans le contexte du détournement de notre cœur vers un autre dieu c'est-à-dire quand nous plaçons dans notre lit conjugal (notre cœur) côte à côte Dieu et les idoles. Tantôt nous adorons Dieu, tantôt les idoles, est que Dieu est le Créateur des cieux et la terre, et de tout ce que s'y trouve tandis que les idoles n'ont rien crée. Esaïe 42 : 8 **« Je suis l'Eternel, c'est là mon nom ; et je ne donnerai pas ma gloire à un autre, ni mon honneur aux idoles »**. Esaïe 44 : 17 « Et avec le reste il fait un dieu, son idole, il se prosterne devant elle, il l'adore et l'invoque, et s'écrie : sauve-moi ! Car tu es mon dieu. » Quand nous prenons l'honneur, le respect dû à Dieu pour l'attribuer à une créature, une idole, nous attirons la colère de Dieu sur nous et il nous répudie comme un homme répudie une femme après avoir découvert qu'elle le trompe avec un autre homme.

En fait en tant que membres Corps du Christ, nous souillerons notre lit conjugal spirituellement parlant. C'est exactement comme un homme qui découvre que sa femme le trompe avec un autre ; c'est dans ce contexte que se situe l'infidélité d'un enfant de Dieu envers son Créateur ; pencher tantôt d'un côté tantôt d'un autre. De la même manière dans le football, on ne verra jamais un fanatique, soutenir deux équipes à la fois, lorsque son équipe est gagné il est tout malheureux, il ne change pas pour autant l'équipe.

Le mal ou la douleur que ressent un humain lorsqu'il découvre son rival ou sa rivale, c'est aussi la même chose que ressent Dieu lorsqu'il découvre notre cœur infidèle. Lisons dans le livre de I Rois 18 : 21 **« alors qu'Elie s'approcha de tout le peuple, et dit : jusques à quand clocherez-vous**

de deux côtés ? Si l'Eternel est Dieu, allez après lui, si c'est Baal, allez après lui ! Ce passage de l'écriture est très clair à ce propos. Nombreux sont les chrétiens qui croient que la fidélité envers Dieu consiste à se conformer scrupuleusement aux préceptes et commandement, régularité à l'église, œuvrer dans l'une des composantes de l'église…non loin de là. La première des choses consiste à donner son cœur à Dieu rien qu'à lui, si on rentre toujours dans le contexte du mariage, à quoi cela sert-il à une épouse, de bien tenir sa maison, de faire tout pour être agréable à son mari et dans l'entre-temps tromper son mari pendant des années avec un autre ?

De nos jours, il existe des chrétiens hétérogènes, d'un côté ils servent Dieu en adoptant aux yeux des hommes une attitude pieuse d'un vrai chrétien et de l'autre côté ils servent les idoles en d'autres termes, on pourra aussi appeler ce genre des chrétiens des chauves-souris, la journée ils sont chrétiens, la nuit ils deviennent des méchants, des oiseaux volants de nuit. Comme l'a chanté un musicien chrétien congolais Lifoko du ciel« *c'est le soir qui détermine si l'on est fils de Dieu* ».

Beaucoup s'imaginent échapper à la vigilance de Dieu, il est omniscient, rien n'est caché devant sa face. La Bible déclare dans le livre de Daniel « **Il révèle ce qui est profond et caché, il voit ce qui est dans les ténèbres** » Pourquoi Dieu appelle-t-il David l'homme selon le cœur de Dieu ? Parce que David n'avait qu'un Seul et Unique Dieu dans son cœur, toute sa vie durant, il n'a servi et adoré qu'un seul Dieu. La fidélité de David envers Dieu a fait qu'il gagnait toutes les batailles. Quel que fut la force de ceux qui s'élevaient contre lui, ils les vainquirent tous vaincus. Psaumes 18 : 21 « **L'Eternel m'a traité selon ma droiture, il m'a rendu selon la pureté de mes mains ; car j'ai observé les voies de l'Eternel, et je n'ai point été coupable envers mon Dieu. Toutes ses ordonnances ont été devant moi, et je ne me suis point écarté de ses lois, j'ai été sans reproche envers lui, et je ne suis**

tenu en garde contre mon iniquité. Aussi l'Eternel m'a rendu selon ma droiture, selon la pureté de mes mains devant ses yeux. »

De nos jours, la force de la séduction fait que beaucoup sont fidèles au départ et après ils deviennent infidèles envers Dieu. Le cas de Salomon, s'est confié à Dieu dès le départ et à la fin, il s'est mis à servir les idoles, à leur rendre le même hommage qu'à Dieu.

La Bible déclare que lorsque les philistins avaient enlevé l'arche de l'alliance pour la placer dans le temple de dagon, le deuxième jour la statue de dagon s'est retrouvée la tête coupée et jetée près de la porte. C'est pour dire en d'autres termes, Dieu ne peut être mis sur un même plancher qu'une idole, car il est Dieu, le Tout Puissant. Dans un même cœur, on ne peut aimer et Dieu et les idoles.

L'adultère d'Israël dont fait mention la Bible, ne se situe pas sur le plan physique mais sur le plan spirituel, lisons dans Jérémie 2- 25 « **je t'avais plantée comme une vigne excellente et du meilleur plant ; comment as-tu changé, dégénéré en une vigne étrangère ? Quand tu te laverais avec du nitre, quand tu emploierais beaucoup de potasse, ton iniquité resterait marquée devant moi, dit le Seigneur, l'Eternel. Comment dirais-tu : je ne me suis point souillée, je ne suis point allée après le Baal ? Regarde tes pas dans la vallée, reconnais ce que tu as fait,** « Israël se prostitue lorsqu'il se prosterne devant les idoles, il lève ses mains vers d'autres dieux que l'Eternel Dieu Tout Puissant et lui adresser les mêmes paroles qu'à Dieu Jérémie 2 : 27 « ils disent au bois : tu es mon père ! Et à la pierre : tu m'as donné la vie ! Car ils me tournent le dos, ils ne me regardent pas. Et quand ils sont dans le malheur, ils disent : lève-toi, sauve-nous ! »; Offrir des sacrifices, faire des vœux aux idoles et les considérer, les vénérer comme Dieu, alors que ce ne sont que des morceaux de bois, sculptés, de bronze faits de la main d'un homme.

ISRAEL OU ENFANT DE DIEU C'EST QUI ?

Esaie 43 : 7 « **Tous ceux qui s'appellent de mon nom, et que j'ai créés pour ma gloire, que j'ai formés et que j'ai faits** ». Qui sont appelés au Nom de Dieu ? Les enfants de Dieu, les fils de Dieu, les serviteurs de Dieu. Dieu forme dès leur naissance tous ceux qui sont à lui, il les fait pour un but quelconque. Esaïe 42 : 3 « car je suis l'Eternel, ton Dieu, le Saint d'Israël, ton sauveur ; je donne l'Egypte pour ta rançon, l'Ethiopie et Saba à ta place. Verset toujours le même 9 « Parce que tu as du prix à mes yeux, parce que tu es honoré et que je t'aime, je donne des hommes à ta place, et des peuples pour ta vie. » Toutes les créatures que Dieu a créées pour sa gloire ont du prix à ses yeux. Il est également leur Sauveur, leur consolateur. Voyez le niveau de tendresse et d'amour que le Seigneur accorde à ceux qui sont à lui, imaginez sa colère lorsqu'il découvre qu'ils se détournent de lui pour les idoles.

A quel moment les enfants de Dieu ou Israël attire-t-il la colère de Dieu sur eux ? Esaïe 42 : 8 « **Je suis l'Eternel, c'est là mon nom ; et je ne donnerai pas ma gloire à un autre, ni mon honneur aux idoles** ». Quand Israël ou un enfant de Dieu met sur le même plancher Dieu et une idole, il irrite Dieu. C'est ça l'infidélité envers Dieu. De la même manière que dans un couple, quand l'épouse va commettre l'adultère avec un autre homme que son époux, ce dernier se met dans un état de colère tel qu'il peut même tuer son rival.

La fidélité envers Dieu consiste à l'avoir Lui Seul comme notre rédempteur, seul Dieu, à l'adorer à chaque fois que nous en avons l'occasion.
- Adorer Dieu c'est lui démontrer notre amour envers lui, c'est entretenir l'harmonie dans notre intimité avec lui .

- Le louer Le pousse à nous apprécier, nous aimer, nous combler davantage ;
- Lui obéir
- Ecouter tout ce qu'il nous ordonne de faire ;
- L'honorer ;
- Faire ce qui est agréable à ses yeux.

Notre cœur doit être à lui, selon qu'il est écrit dans le livre de Deutéronomes **« tu aimeras le Seigneur ton Dieu de tout ton cœur, toute ton âme et tout ton esprit »**. Ce qui veut dire en d'autres termes tout notre être doit être pour lui.

QUELLES SONT LES ATTITUDES QU'UN ENFANT DE DIEU DOIT ADOPTER POUR LUI ETRE AGREABLE EN TOUT LE TEMPS ?

Je vais prendre les exemples bibliques. Je commence par Abraham. Il est celui qui a marqué Dieu par son obéissance et sa fidélité ; il a commencé par accepter de quitter sa patrie, les siens pour obéir à Dieu ; en deuxième lieu Dieu a changé son nom et celui de sa femme ; Abraham a obéi à l'ordre que l'Eternel lui a donné celui de circoncire tout mâle né dans sa maison (Génèse 17 ; 12 : 1). Il est demeuré fidèle à Dieu jusqu'à la fin de sa vie ; il n'a pas servi les idoles ni s'est prosterné devant eux. A cause de cela l'Eternel l'a défendu en toutes circonstances de sa vie. Génèse 2O : 1-16 : l'Eternel a menacé Abimelec ainsi que toute sa maison à de Sara la femme d'Abraham.

Si nous prenons également l'exemple de David, le fait pour lui d'avoir confiance en Dieu en n'adorant que lui, l'Eternel le rendit vainqueur sur tous ses ennemis même dans sa propre famille. Il a affermi son trône à toujours. La fidélité envers Dieu consiste à l'aimer de tout notre cœur, toute notre âme et tout notre esprit.

- Daniel est aussi celui qui est demeuré fidèle à Dieu jusqu'à la fin de sa vie. Quoique les babyloniens l'ont obligé à adorer la statue d'or ; il a préféré la fosse aux lions (la mort) plutôt que de se prosterner devant une idole. Et à chaque fois qu'il surmontait une tentation, Dieu l'élevait. La fidélité du chrétien, ça commence au niveau du cœur, l'Eternel qui lit dans nos cœurs, dès qu'il remarque que nous sommes fidèles, il nous arrache de tout danger.

- Ezekias 2 Rois 18 : 3-7 au début de sa royauté a commencé par détruire les idoles, Dieu l'a défendu contre Sancherib et a prolongé sa vie de 15 ans en guérissant de sa maladie mortelle. Tout au long de son règne, il n'a en aucun moment irrité Dieu en allant se prosterner devant les idoles.

De nos jours, nombreux sont les croyants qui clochent de deux côtés, ils servent Dieu et Mamon. Ils attirent la colère de Dieu sur eux. La meilleure chose dans le mariage ou alliance avec le grand Epoux consiste à lui demeurer fidèle, cette fidélité consiste à ne pas souiller le lit conjugal : commettre l'adultère. Le lit conjugal dont je parle ici est notre cœur. Avoir beaucoup d'amants c'est avoir plusieurs idoles, plusieurs dieux.

Dans l'Eglise Corps de Christ se sont infiltrés des agents doublent. Moïse a grandi dans la maison de Pharaon, mais dès qu'il a reçu l'appel de Dieu, le Véritable, il est resté fidèle à l'Eternel jusqu'à la fin de sa vie. Même le livre d'Apocalypse est clair sur ce point apocalypse 22 : 15 « **les idolâtres n'entreront pas dans le Royaume des cieux** ». Psaumes 59 : 7 « Ils reviennent chaque soir, ils hurlent comme des chiens, ils font le tour de la ville, voici, de leur bouche ils font jaillir le mal, des glaives sont sur leurs lèvres ; car qui est ce qui entend. » L'idolâtrie pousse le chrétien de plus en plus dans le mal et l'éloigne de Dieu. Leur cœur adultère le pousse à être de plus en plus infidèle dans leur alliance avec Dieu.

Quand nous demeurons fidèle à Dieu, il nous préserve du mal et nous donne la force de surmonter la tentation car il lit les pensées de nos cœurs, c'est ça que nous oublions.

Lorsque nous somme sincères dans notre intimité ou relation avec l'Eternel, il le sait et nous soutient pour que nous ne soyons pas tentés d'adorer les idoles.

Une fois que notre cœur commet l'adultère, nous devenons sur le champ infidèle et c'est parti. C'est comme une femme qui trompe son mari une première fois, une deuxième fois et c'est fini, comme dit le proverbe l'appétit vient en mangeant. Toute personne qui se surpasse pour ne pas commettre l'adultère s'affermira avec le temps et prendra cela en dégoût avec le temps. L'infidélité envers Dieu est comparable à une pente glissante dès qu'on y met le pied, c'est parti jusqu'à ce qu'on va se jeter et se fracasser sur le rocher et mourir. Le cœur infidèle est un piège pour notre âme et notre salut la Bible dit ceci à propos : Jérémie 7 :30 car les enfants de Juda ont fait ce qui est mal à mes yeux, dit l'Eternel ; ils ont placé leurs abominations dans la maison sur laquelle mon nom est invoqué, afin de la souiller ». Il faut à un croyant garder le même rythme de prière, de sanctification, d'intimité pour ne pas tomber dans l'infidélité du cœur. Jérémie 9 : 3 « car ils vont de méchanceté en méchanceté », nous devenons infidèles lorsque nous nous laissons emporter par les penchants de notre cœur. Jérémie 2 : 11 « Y a-t-il une nation qui change ses dieux, quoiqu'ils ne soient pas des dieux ? Et mon peuple a changé sa gloire contre ce qui n'est d'aucun secours ! Et Jérémie 2 : 13 : « car mon peuple a commis un double péché ; ils m'ont abandonné, moi qui suis une source d'eau vive, pour se creuser des citernes, des citernes crevassées, qui ne retiennent pas l'eau. » Jérémie 2 : 19 « Ta méchanceté te châtiera, et ton infidélité te punira, tu sauras et tu verras que c'est une chose mauvaise et amère d'abandonner l'Eternel, ton Dieu, et de n'avoir de moi aucune crainte, dit le Seigneur, l'Eternel des armées. » . Tous les enfants de Dieu qui se détournent de Dieu pour servir d'autres dieux sont carrément rejetés par lui. Jérémie 7 : 38 « alors dis-leur : c'est ici la nation qui n'écoute pas la voix de l'Eternel, son Dieu, et qui ne veut pas recevoir instruction ; la vérité a disparu, elle s'est retirée de leur bouche ». Jérémie 7 : 29b « car l'Eternel rejette et repousse la génération qui a provoqué sa fureur. « Tout enfant de Dieu qui se prosterne devant les idoles, est en train de placer en fait une abomination dans son cœur ou être tout entier, quand l'Eternel s'approche de lui, il voit en lui une horreur. Jérémie 9 : 25 « **Voici, les jours viennent, dit l'Eternel, où je châtierai tous les circoncis qui ne le sont pas de cœur,** ».

Le passage de Jérémie 1O : 1-13 ce passage nous montre la différence qui existe entre Dieu et les dieux (ou idoles) ; l'Eternel est celui qui a créé la terre par sa puissance et fondé le monde par sa sagesse et étendu les cieux par sa puissance tandis que les dieux (idoles) sont travaillés par la main de l'ouvrier avec le bois, ils ne parlent point et non rien créées. Comment ces infidèles peuvent-ils mettre sur un même plancher Dieu et les nullités.

Tous ceux qui servent les idoles irritent l'Eternel et sa colère est sur eux. Jérémie 11 : 13, 17 « car tu as autant de dieux que de villes, O Juda ! Et autant Jérusalem a de rues, autant vous avez dressé d'autels aux idoles. D'autels pour offrir de l'encens à Baal … et verset 17 « L'Eternel des armées, qui l'a planté, appelle sur toi le malheur, à cause de la méchanceté de la maison d'Israël et de la maison de Juda, qui ont agi pour m'irriter, en offrant de l'encens à Baal. » (Esaïe 42 : 17 ; Jérémie 12 : 2 c) tous ces passages nous indiquent comment Dieu menace-t-il tous ceux qui se détournent de lui pour se confier aux idoles, il leur promet la confusion.

Dieu est notre père, lorsque nous agissons en toute conscience de manière à lui être désagréables, il commence par nous avertir et ensuite nous menace. Le mariage entre Dieu et Israël se situe au niveau du cœur. La Bible dit « garde ton cœur plus que toute autre chose ». Le salut veut dire

Christ en nous. Romains 10 : 9 « si tu confesses de ta bouche le Seigneur Jésus, et si tu crois dans ton cœur que Dieu l'a ressuscité des morts, tu seras sauvé. C'est en croyant du cœur qu'on parvient à la justice, et c'est en confessant de la bouche qu'on parvient au salut, beaucoup ne réalisent pas l'engagement qu'ils prennent devant Dieu suivant verset ci-haut. En fait nous l'invitons dans notre cœur. Et lorsque nous utilisons le même cœur pour le donner aux idoles, réalisez-vous jusqu'à quel point vous outragez l'Eternel. La Bible déclare qui peut résister devant Dieu quand sa colère éclate ? Quand nous poussons l'Eternel à bout, il nous extermine carrément.

QUELLES SONT LES AVANTAGES QU'A UN CROYANT LORSQU'IL DEMEURE FIDELE A DIEU ?

Esaïe 49 : 4 « Et moi j'ai dit : c'est en vain que j'ai travaillé, c'est pour le vide et le néant que j'ai consumé ma force ; mais mon droit est auprès de l'Eternel, et ma récompense est auprès de mon Dieu ». Dieu est le rémunérateur des justes, il ne parle pas en vain, il accomplit ce qu'il dit. C'est dans notre droit de nous avancer de lui et demander tout ce que nous désirons ; et il a réservé une récompense pour ceux qui sont à lui. Les avantages, il y en a plusieurs, mais je n'en citerai que quelques-uns.

Esaïe 54 : 1-17

- Il enlève toute douleur dans nos cœurs ;
- Il panse toutes nos plaies et les guérit ;
- Il nous promet le bonheur, l'allégresse
- Il nous élève ;
- Il bénit notre postérité ;
- Il enlève toute peur dans cœur ;
- Il enlève la honte ;
- Il nous console ;

- Il nous pardonne ;
- Il nous donne un amour éternel ; inébranlable ;
- Il nous sauve de tout péril ;
- Il ôte les pièges que l'on met devant nos pas ;
- Il nous restaure ;
- Il fait une alliance de paix perpétuelle avec nous ;
- Il fait de nos enfants ses disciples et leur promet la prospérité ;
- Il nous affermit par la justice ;
- Il nous rassure de sa protection, de sa présence, de sa sécurité ;
- Il nous fait découvrir ceci : c'est l'Eternel qui a créé le forgeron et qui a mis route l'homme chargé de détruire les armes du forgeron ;…. Bref dans ce passage il donne des garanties et droits à ceux qui lui sont fidèles.

La fidélité de Joseph envers Dieu a fait qu'il soit élevé au-dessus de Potifar ; j'imagine que Potifar a dû quitter l'Egypte pour se réfugier ailleurs.

Dieu nous promet la vie éternelle, pourquoi préférer l'enfer ? La seule chose qui compte c'est la fidélité envers Dieu. Pourquoi devenir l'ennemi de son créateur ? Absalom a combattu contre son géniteur et il est mort d'une manière atroce, les cheveux attachés aux branches d'un arbre. Tout celui qui se classe dans le camp de l'ennemie est comme Absalom, le fils qui se révolte contre son Père Créateur. La Bible déclare dans le livre des psaumes « La voix de Dieu est majestueuse, quand il tonne, il brise le cèdre du Liban et fait mettre bas la biche ». Quand nous poussons Dieu à tonner contre nous, nous sommes carrément brisés et nous perdons tout, la vie, le pouvoir… Se faire l'ennemi de Dieu c'est chercher à grimper un mur d'épines, on se blesse à chaque montée et à la fin on meurt. Psaumes 73 : 1-12 les méchants sont les gens qui sont heureux car réussissent dans tout ce qu'ils entreprennent, et cela les rend orgueilleux, les poussent à parler méchamment, on osant même insulter leur Créateur. Ils s'imaginent dans leur bêtise que Dieu ne les voient pas. Beaucoup des enfants de Dieu ont changé de chemin pour suivre les méchants.

QUAND A LIEU LE DIVORCE, LA SEPARATION ENTRE DIEU ET SES ENFANTS ? QUE LEUR ARRIVE-T-IL ? Jérémie 2 : 20-28/3 : 1-3

Esaïe 54 : 5 « car ton Créateur est ton époux ; l'Eternel des armées est son nom et ton rédempteur est le Saint d'Israël ». Dans ce verset, nous voyons comment Dieu le créateur déclare être l'Epoux ceci se passe lorsque nous acceptons Jésus Christ comme Seigneur et Sauveur et croyons dans notre cœur qu'il est Seigneur. Egalement qu'il est écrit dans le livre de Jean 1 : 12 **« à tous ceux qui l'ont reçu et qui ont cru en son nom, il leur a donné le pouvoir de devenir enfant de Dieu »**. Toujours dans le même verset Dieu déclare qu'il est notre époux mais également notre sauveur, rédempteur. Il nous rachète en même temps pour être à lui. Il nous montre jusqu'à quel point il est disposé pour nous en tant que ses fils et filles.

C'est pour cette raison que j'ai déclaré plus haut qu'en fait le mariage entre l'homme et la femme, est en réalité l'image de l'ombre à venir du véritable mariage entre l'Epoux et l'épouse corps du Christ.

De la même manière que Dieu a doté l'époux humain des capacités de chérir, d'aimer, de nourrir, de protéger, de vêtir son épouse, à combien plus forte raison Lui le véritable Epoux d'Israël ? Il fera tout pour nous.

QUAND A LIEU LE DIVORCE ?

De la même manière pour un époux humain, lorsqu'il découvre que la femme qu'il chérit, adore, prend en charge, choie le trompe avec un autre, il craque, se met dans un état de colère, qu'il y en a même qui tuent leur semblable à cause de la jalousie ou voire même leurs épouses prisent en flagrant délit d'adultère, et à combien en sera-t-il pour ces enfants de Dieu ou Israël, qui malgré les bienfaits, les prodiges, les miracles…de Dieu en leur faveur, se détournent de Dieu le Créateur, le Rédempteur pour servir les idoles ou d'autres dieux.

Ezekiel 6 : 1-14 parle des menaces de Dieu contre Israël ou enfants de Dieu qui vont servir les idoles. Comme je l'ai souligné dans mon texte, l'adultère et l'infidélité dont fait mention la Bible se situe au niveau du cœur et de nos yeux Ezekiel 6 : 9c « Parce que j'aurai brisé leur cœur adultère et infidèle, et leurs yeux qui se sont prostitués après leurs idoles ; ils se prendront eux-mêmes en dégoût, à cause des infamies qu'ils sont commises, à cause de toutes leurs abominations. »

Il est écrit dans le livre de Genèse 1 : « Dieu dit : créons l'homme à notre ressemblance » Notre ressemblance avec Dieu se trouve au niveau de l'esprit car Dieu est Esprit. Notre corps qui est poussière, retourne à la poussière, notre esprit se dirige là où il est destiné soit en enfer soit au paradis.

Une fois que nous commettons l'adultère et l'infidélité envers Dieu en adorant les idoles, leur rendant un culte semblable à celui que nous rendons à Dieu, nous allumons carrément le feu de sa colère contre nous, il nous menace, il fait venir son épée sur nous. Il nous menace de 3 fléaux : épée, famine et de la peste.

Qu'est-ce que la Parole de Dieu appelle « se prostituer » Ezéchiel 6 : 4 :

- Il dresse les autels
- Il s'approprie des statues de soleil
- Il monte les hauts lieux
- Il monte sur la colline élevée
- Il monte sur le sommet des montagnes

- Il monte sur tout arbre vert, sous tout chêne touffu et ils offrent des parfums d'une agréable odeur à leur idole.

Les châtiments que Dieu inflige aux infidèles sont dans le livre d'Ezéchiel 6 : 1-14 : **l'épée, la peste et la famine**. Selon qu'il est écrit « à quoi sert-t-il à un homme de gagner le monde s'il doit perdre son âme ». Voici leur fin dans le livre d'Ezéchiel 7 : 9 « **mon œil sera sans pitié, et je n'aurai pas de miséricorde, je te chargerai de tes voies, et tes abominations seront au milieu de toi. Et vous saurez que je suis l'Eternel, celui qui frappe**. »

Psaumes 73 : 17-20 « **jusqu'à ce j'eusse pénétré dans les sanctuaires de Dieu, et j'eusse pris garde au sort final des méchants. Oui, tu les places sur des voies glissantes, tu les fais tomber et les mets en ruines. Eh quoi : en un instant les voilà détruits ! Ils sont enlevés, anéantis par une fin soudaine. Comme un songe au réveil, Seigneur, à ton réveil, tu repousses leur image.** » Si quelqu'un se brise d'en haut d'une pente glissante, survivra-t-il ? Non, soit qu'il meure sur le champ, soit il reste quelques jours vivant souffrant si intensément que son visage reflètera le degré de sa souffrance, de ses douleurs.

Dieu met toujours ses enfants en garde contre le danger de servir les idoles. Mieux vaut que les méchants te frappent et que tu ailles crier chez Dieu que d'être frappé par Dieu lui-même. Il est écrit « **c'est une chose terrible que de tomber entre les mains de l'Eternel** ». Et encore qui peut résister devant Dieu quand sa colère éclate ? ». Il est aussi écrit dans le livre de psaumes « sa voix est majestueuse et puissante, elle brise le cèdre du Liban et fait mettre bas la biche ». L'Eternel Dieu est redoutable, évitons à tout prix de l'irriter, car nous mourrons. Si sa voix brise le cèdre du Liban qui a des racines profondes et solides, à plus forte raison nos corps si fragile, je me suis imaginée dans des humains, quand l'Eternel tonne contre eux, ils meurent d'arrêt cardiaque immédiatement. Si sa voix fait enfanter la biche, nous les humains nous ferons une forte diarrhée qui résistera à tous les anti-diarrhéiques et mourrons déshydratés après quelques secondes.

 Dans Esaïe 44 : 9-2O la Bible parle des fabricateurs des idoles qui ne sont en réalité que des hommes-forgerons-charpentiers. Et les adorateurs des idoles sont qualifiés ainsi dans Esaïe 44 : 18-19 « ils n'ont ni intelligence, ni entendement, car on leur a fermé les yeux pour qu'ils ne voient point, et leur cœur pour qu'ils ne comprennent point. Il ne rentre pas en lui-même, et il n'a ni l'intelligence, ni le bon sens de dire : j'en ai brûlé une moitié au feu, j'ai cuit du pain sur les charbons, j'ai rôti de la viande et j'ai mangé, et avec le reste je ferais une abomination, je me prosternerais devant un morceau de bois ! « Dieu les traite ainsi des gens sans intelligence, aveuglés. Mais quand nous lisons dans Esaïe 44 : 21 Dieu dit à ses enfants de se souvenir de ces choses abominables, il les met en garde contre les idoles. Et ce qui est déplorable de nos jours, nous voyons des parents qui initient leurs enfants dans ces choses mauvaises, ainsi nous verrons que la génération des jeunes est une génération pourrie. Lorsqu'une personne est entraînée dans les choses mauvaises, elle fait plus que celui qui l'a initié. Tous ces parents qui traînent leurs enfants dans la boue, ils auront du chagrin toute leur vie.

J'ai connu une famille dont les parents étaient dans la magie mais leur fils cadet m'aimait beaucoup, et à l'époque il n'avait que 4 ans, un jour en présence de ses parents ceci : « tu sais tantine, papa et maman nous ont amené quelque part et là avant d'entrer dans la maison là, il faut se déshabiller, on était tous nus, moi papa, maman et mes frères et sœurs, et on a dansé nus ». Croyez-vous qu'un tel enfant en grandissant se sera-t-il pas un méchant, un insensé, il est écrit dans le livre des proverbes « un parent qui met au monde des enfants insensé, aura du chagrin toute sa vie ». C'est ce qui fait très mal dans le cœur, comment peut-on entraîner dans le mal un enfant, faire une telle chose, cela signifie cependant qu'on est en réalité en train d'élever un lionceau et non un enfant. Un tel enfant une fois devenu grand, il deviendra exactement un lion dans la maison. Non seulement il se mettra à rugir et à plonger sur ses victimes et à les déchirer, mais il va devenir un élément incontrôlable même pour ses propres parents, qui l'ont entraîné dès le bas âge dans le mal, on lui a fait boire le vin de la violence et lui ont fait mangé le pain de la méchanceté. Le vin de violence que cet enfant boira en grandissant, le fera croître dans la violence la plus profonde et imaginez ce qu'il en sera de son caractère, un lion indomptable, même pour son entourage, pour ses propres parents. Entraîner son enfant dans le mal, c'est semer le vent, et tôt ou tard on finira par récolter la tempête. La Bible déclare « du méchant ne peut sortir que la méchanceté ».

Lorsqu'un parent s'implique dans l'occultisme, il irrite déjà Dieu et à plus forte raison quand il entraîne derrière lui sa femme, ses enfants ou ceux de sa maison, toute cette maison est sous la colère et la malédiction de Dieu. C'est pour cela des tels foyers sont comparables à la jungle où c'est la confusion extrême : qui est contre qui ? Qui combat qui ? Une maison des conflits, de règlement de compte, de tiraillements, des incompréhensions permanentes, il n'y a pas d'amour, il y règne l'inceste, l'hostilité, le viol, l'empoisonnement, la haine, le mépris… et j'en passe. La maison des méchants est en tumulte perpétuel, il n'y a personne parmi eux qui peut montrer le droit chemin à son semblable. Dans ce monde de la méchanceté, le bien est appelé mal et le mal est appelé bien, voilà la confusion qui règne là-bas.

Tous les enfants de Dieu qui abandonnent Dieu pour aller en Egypte pour adorer les différentes idoles, ont brisé leur alliance avec Dieu, ils sont en instance de divorce avec le grand Epoux, qui est également leur Créateur. Tous ceux qui se détournent de Dieu pour aller en Egypte sont sous des grandes malédictions, la Bible est claire dans Jérémie 42 : 18 : « car ainsi parle l'Eternel des armées, le Dieu d'Israël de même que ma colère et ma fureur se sont répandues sur les habitants de Jérusalem, de même ma fureur se répandra sur vous, si vous allez en Egypte, vous serez un sujet d'exécration, d'épouvante, de malédiction et d'opprobre, et vous ne verrez plus ce lieu ». Tous ces enfants de Dieu qui se détournent de lui pour aller servir des idoles sont sujet d'exécration, d'épouvante, de malédiction et d'opprobre, si quelqu'un est traité sujet d'exécration cela veut dire en d'autres termes que tout le monde le fuira car il sentira la mauvaise odeur qui donne la nausée. Sujet d'épouvante, cette personne sera tout le temps dans l'angoisse permanente, il n'aura plus jamais de paix, il aura peur de tout et de rien, il se sentira tout le temps en insécurité. Mieux vaut être maudit par les hommes que par Dieu.

QUELLES SONT LES CONDITIONS A REMPLIR POUR MERITER D'ETRE PARMI LES MEMBRES CORPS DE CHRIST ?

En quoi consiste l'alliance avec Dieu ? Amos 3 : 3 « deux personnes peuvent-ils faire route ensemble si au départ ils ne se mettent pas d'accord ? » l'alliance avec Dieu consiste à se mettre d'accord avec lui dès le départ, c'est alors que nous ferons route avec lui. Au départ de toutes choses, Dieu nous demande de croire en Celui qu'il a envoyé vers nous, à savoir le Seigneur Jésus-Christ, car la Bible déclare dans le livre de Jean « nul ne peut aller au Père que par Jésus-Christ ». La première démarche commence dans le livre des Romains 1O : 9 « si tu confesses de ta bouche le Seigneur Jésus-Christ, et si tu crois dans ton cœur que Dieu l'a ressuscité des morts, tu seras sauvé. Car c'est en croyant du cœur qu'on parvient à la justice, et c'est en confessant de la bouche qu'on parvient au salut, selon ce que dit l'écriture : « quiconque croit en lui ne sera pas confus ». Ce passage des Romains vient compléter Amos 3 : 3 si au départ nous décidons de faire une alliance avec Dieu, après avoir reçu son appel par le biais de ses saints serviteurs, nous devons commencer par confesser le Seigneur Jésus et à croire dans notre cœur que Dieu l'a ressuscité d'entre les morts.

Car je me dis toujours, par le peu des connaissances que j'ai de la Parole de Dieu, si je me retrouve dans une église ou une assemblée le passage des Romains 1O : 9-1O, je m'en éloigne carrément. Car maintenant pour être proche de Dieu, il faut croire en son fils Jésus Christ, le sauveur de l'humanité toute entière. Car le Christ et le Père ne font qu'un (Jean 17 : 21-22).

La deuxième étape consiste à naître de nouveau : nous devons nous débarrasser de la vieille nature pour revêtir une nouvelle nature afin de devenir des nouvelles créatures. Il y a la puissance de Dieu qui se dégage pour descendre sur nous lorsque nous posons ces deux actes.

Le livre de Jean 1 : 12-13 « Mais à tous ceux qui l'ont reçue, à ceux qui croient en son nom, elle a donné le pouvoir de devenir enfants de Dieu, lesquels sont nés, non du sang, ni de la volonté de la chair, ni de la volonté de l'homme, mais de Dieu ». Jean 17 : 1-3 ; quand nous croyons à la Véritable Lumière qui est Jésus-Christ (Jean 1 : 9), nous sommes éclairés et en même temps que nous recevons Christ, nous recevons le pouvoir de devenir enfants de Dieu, nous devenons des êtres spéciaux, des êtres avec la nature divine. En recevant Christ, la vie éternelle nous est accordée.

La troisième étape consiste à demander le Saint Esprit au Père, c'est par l'Esprit Saint que nous sommes placés au-dessus des méchants, des principautés, des sorciers…car c'est l'Esprit supérieur, il est plus puissant que tout autre esprit. La Bible déclare dans le livre des psaumes « C'est l'Eternel qui m'emmène sur mes lieux élevés et je peux regarder d'en haut les ennemis qui m'entourent ».

L'Esprit Saint est notre guide parfait en toute chose que nous voudrions faire ; c'est lui qui nous permet d'atteindre la perfection, d'être agréable à Dieu, il nous donne la force de demeurer ferme dans la voie de Dieu. Jean 15 : 5 (traduction français courant) : « sans le Saint Esprit nous ne pouvons rien faire » ; Jean 14 : 16-17 ; pour ne pas être tenté d'aller vers les idoles, accrochons-nous au Saint Esprit, laissons-les nous guider et notre cœur ne sera point séduit par les séducteurs du monde des ténèbres. Ne mettons pas notre cœur dans les richesses du monde pour lesquelles beaucoup des élus ont été attirés dans le filet de l'ennemi.

Aimons sincèrement Dieu et nous aurons à cœur de garder sa Parole Jean 14 : 23 nous dit : « Jésus lui répondit : si quelqu'un m'aime, il gardera ma Parole, et mon Père l'aimera ; nous viendrons à lui, et nous ferons notre demeure chez lui ». Quiconque aime sincèrement Dieu et qu'il reste fidèle, est toujours admis dans la présence de Dieu.

Le mariage avec Dieu consiste à garder ses commandements Jean14 : 15, c'est comme dans le mariage entre un homme et une femme, lorsqu'une femme obéit à tout ce que lui commande son mari, cela encourage aussi son mari à l'aimer davantage. Le grand Epoux ne se fie pas aux apparences, mais il regarde droit dans nos cœurs. Tant nous sommes sincères avec lui, il restera aussi près de nous, en nous, à côté de nous.

La quatrième étape consiste à aimer les autres, l'amour du prochain « Jean 15 : 17 ce que je vous commande, c'est de vous aimer les uns les autres ».

Et la cinquième et dernière étape consiste à rester connecter à Christ qui est la source d'eau vive en mettant en pratique sa Parole, cette parole qui nous purifie. Jean 15 : 3 « déjà vous être purs, à cause de la parole que je vous ai annoncée ». Nous devons nourrir notre esprit de la Parole de Dieu tous les jours, nous garderons notre sanctification. De la même manière que pour le corps humain, nous le nourrissons tous les jours pour avoir de la force et ne pas tomber malade, quand nous nourrissons ainsi notre esprit en méditant chaque jour et plusieurs fois la Bible avec l'aide du Saint Esprit, nous ne chancellerons pas, et nous ne pencherons pas. Faisons la prière de psaumes 27 : 4 tous les jours pour demeurer ferme dans la voie de Dieu « Je demande à l'Eternel une chose, que je désire ardemment : je voudrais habiter toute ma vie dans la maison de l'Eternel, pour contempler la magnificence de l'Eternel et pour admirer son temple ». Que notre désir le plus vif soit de demeurer dans la maison de Dieu, rester en alliance avec Dieu toute notre vie durant afin de ne pas aller grincer les dents dans la géhenne de feu.

Si nous pouvons réaliser que nous sommes des pèlerins sur terre, si nous pouvons apprendre à compter nos jours, si nous pouvons savoir que notre vie sur terre est comme le chronomètre mis en marche jusqu'au temps fixé par Dieu pour nous rappeler à lui, nous ne perdrons pas notre âme pour gagner le monde, nous ne nous prostituerons pas auprès des idoles, nous n'abandonnerons pas le Créateur pour aller servir les créatures. Tout humain sur terre est considéré par Dieu comme un agent qui est engagé dans une société ou une firme quelconque, et envoyé dans un pays lointain pour un certain temps pour accomplir une mission, au retour de la mission nous sommes obligés de faire le rapport de mission. Chacun de nous vient sur terre pour une mission précise. Nous devons tenir compte du temps qui nous est imparti quoique nous ne le sachions pas. Un jour nous rendrons compte à Dieu que nous le voulions oui ou non. Qu'est ce qui arrive à tout agent envoyé en mission lorsqu'il rentre auprès de son chef ? A supposer qu'une fois arrivé sur place, il abandonne tout ce qui lui a donné comme ordre et se mette à faire la débauche, à s'enivrer ou à faire n'importe quoi, oubliant sa raison d'être dans cette contrée où il a été envoyé en mission ? Que va-t-il donner comme raison ? Cet agent sera carrément mis de côté, révoqué par sa société pour n'avoir pas accompli sa mission. Il en est de même pour tous les humains ou ceux qui sont destinés pour la gloire de Dieu.

Quel que soit la richesse que nous acquérons sur la terre, en mourant nous n'emportons rien. Même si on avait 10.000 chaussures, nous ne serons enterrés qu'avec les chaussettes, là nous allons, nous n'aurons plus besoin de marcher, c'est la fin.

Pour toute personne qui aime vraiment Dieu, toutes les choses sont vaines comme l'a dit Salomon « tout est vanité, rien que vanité », car en Christ nous avons tout, pourquoi ne pas demander à lui ? Salomon qui a été comblé des richesses jusqu'à la fin de sa a dit : vanité des vanités ». Ce qui compte pour l'homme c'est connaître Dieu, le craindre c'est ça être sage.

Passons nos temps libres à l'adorer, à lui rendre gloire, à le célébrer comme le faisait David malgré son rang social, il pouvait vaquer à ses préoccupations mais toute son attention était Dieu.

Quelle est notre ressemblance avec Dieu, c'est au niveau de l'esprit, le corps n'est qu'étoffe qui couvre notre esprit sur terrer, après quand Dieu nous rappelle à lui, l'étoffe est enlevé et l'esprit va se diriger là où il est destiné. Le lieu final de notre destination, c'est nous qui en faisons le choix lorsque nous sommes sur la terre. Dieu dit dans Deutéronome « je mets devant toi deux chemins…

Le passage qui parle de Lazare et le riche est clair quant à notre destinée après la mort. Lazare s'est retrouvé au paradis et le riche s'est retrouvé en enfer. Il existe une destinée après la mort, le malin fait croire aux cupides, que ce qui compte c'est avoir des biens sur terre et après il n'y a rien. Tous ceux qui pratiquent la violence en mangeant le pain de la méchanceté et en buvant le vin de la violence iront rejoindre le riche en enfer. Sophonie 1 : 5 « ceux qui se prosternent sur les toits devant l'armée des cieux, ceux qui se prosternent en jurant par l'Eternel et en jurant par leur roi, ceux qui se sont détournés de l'Eternel, et ceux qui ne cherchent pas l'Eternel, qui ne les consultent pas ». Dieu est omniscient, ceux qui font le mal croient que Dieu ne les voient pas. La Bible déclare « Lui qui a créé l'œil ne verrait-il pas ? Lui qui a formé le cœur ne le saurait-il pas ? ». Le retour de Christ est proche, détournons nous du mal pour pouvoir avoir droit aux noces de l'Epoux. L'Epoux ne viendra que pour une église sans tâche, ni ride. I Pierre 4 mais la parure intérieure est cachée dans le cœur, la pureté incorruptible d'un esprit doux et paisible, qui est d'un grand prix devant Dieu. »

Voilà le vrai mariage entre l'Epoux et l'Eglise Corps de Christ, l'Epoux nous gardera à lui quand il voit la pureté incorruptible de notre esprit, notre intérieur, c'est alors que nous aurons droit aux noces de l'Agneau.

JESUS REVIENT BIENTOT, SOYONS PRETS.

Table des matières

Printed by Books on Demand GmbH, Norderstedt / Germany